Lilla Bek arbeitet seit Jahren in England und europaweit als spirituelle Lehrerin. Sie unterrichtet in Seminaren und Einzelsitzungen zu Themen wie Energiearbeit, Chakren, Farbpsychologie, Numerologie und individuelle Lebensaufgabe.

Das vorliegende Buch hat sie zusammen mit Robert Holden verfaßt.

W0088149

Esoterik

Herausgegeben von Gerhard Riemann

Dieses Buch wurde auf chlor- und säurefreiem Papier gedruckt.

Deutsche Erstausgabe September 1993
© 1993 für die deutschsprachige Ausgabe
Droemersche Verlagsanstalt Th. Knaur Nachf., München

Titel der Originalausgabe »What Number Are You?«
© 1992 Lilla Bek und Robert Holden
Originalverlag Aquarian/Thorsons, London
Umschlaggestaltung Peter F. Strauss
Satz DTP ba · br
Druck und Bindung Ebner Ulm
Printed in Germany
ISBN 3-426-86037-6

2 4 5 3 1

Lilla Bek
Robert Holden

Lebenszahlen
Lebenszyklen

*Die verborgene Bedeutung der
Zahlen für unser Leben*

Aus dem Englischen von Angelika Bardeleben

Inhalt

Inhalt

Kapitel 1

Die jahrhundertealte Wissenschaft
der Numerologie

Die Mathematiker des Altertums haben die Zahlen oft als Symbole kosmischer und göttlicher Schicksalsfügungen beschrieben. Sie hielten sie nicht für leblose Zeichen, sondern für lebendige Sinnbilder der Energie, Persönlichkeit und besonderer Wirkkräfte. Jene Mathematiker behaupteten – und viele von uns sind geneigt, das auch heute noch zu glauben –, daß hinter jeder Zahl ein besonderes Potential stecke, das unser persönliches Wachstum deutlich beeinflussen und sich auf unsere Entwicklung auswirken könne. Zudem wurde angenommen, daß die Zahlen in unserem Leben planmäßig und durch Vorsehung geregelt erscheinen. Trifft dies zu, so haben sie für jeden von uns eine große Bedeutung.

Die meisten Mathematiker und Wissenschaftler unserer Zeit würden sicherlich nichts von der Vorstellung halten, daß Zahlen ein persönliches Potential haben, welches das menschliche Bewußtsein und alles Leben überhaupt beeinflussen kann. Schauen wir uns jedoch unsere Alltagssprache einmal genauer an, dann finden wir Worte, Sätze und Redewendungen, die auf eben diese Tatsache hindeuten. Diese sprachlichen Anhaltspunkte sind vielleicht die Überreste einer alten und fast vergessenen Weisheit – einer Weisheit, die lehrte: »Alles ist nach Zahlen geordnet«.

Bisweilen verwenden wir das Wort »Nummer«, um Charakter und Persönlichkeit eines Menschen zu beschreiben. Wir sagen zum Beispiel: »Er ist eine komische Nummer« oder »eine Nummer für sich«, wenn wir jemandes Verhaltensweisen fremdartig, unverständlich finden. »Nur eine Nummer zu sein« ist gewiß nicht sehr angenehm – es bedeutet, keine besondere Rolle zu spielen, nicht beachtet zu werden. Wenn wir dagegen bei jemandem »eine große Nummer haben«, dann werden wir von ihm sehr geschätzt.

Wir verwenden das Wort »Nummer« auch oft, um unsere Handlungen und Leistungen zu beschreiben. Wenn jemand eine »glanzvolle Nummer hingelegt hat«, heißt das natürlich, daß seine Leistung hervorragend war. Er oder sie kann beispielsweise auch im Verkauf eine »große Nummer« oder überhaupt »die Nummer Eins« sein. Er kann aber auch bloß »eine Nummer abziehen« – damit meinen wir, daß wir ihn für einen Schaumschläger halten, daß unser Eindruck von seiner Leistung eher schlecht ist. Wenn eine Aufgabe für ihn »ein paar Nummern zu groß« ist, dann ist er überfordert. In riskanten Situationen ist es allerdings wirklich manchmal besser, »auf Nummer Sicher zu gehen«, als allzuviel zu wagen und sich dann eine blutige Nase zu holen.

Im Leben jedes Menschen findet sich eine einzigartige Anordnung von Zahlen. Die Wissenschaft der Numerologie behauptet, daß diese Anordnung keine willkürliche, zufällige Angelegenheit ist, sondern eine lebendige, bedeutungsvolle Kraft, die ein spezifisches Potential birgt. Die Mathematiker früherer Zeiten waren davon überzeugt, daß hinter jeder persönlichen Zahlenanordnung ein sinnvoller Plan steckt. »Zahlen sind nicht eine Sache des Zufalls«, sagten sie, und: »Zahlen sind nicht ohne Leben: Zahlen enthalten vielmehr Lehren, und diese Lehren sind bedeutsam.«

Die Philosophie der Zahlen

Es ist, als hätte der erste Atemzug Gottes einen Strom von Zahlen in den unendlichen Raum und die unendliche Zeit geschickt und als seien mit Hilfe dieser Zahlen die Welt und das Leben entstanden, deren Vielfalt zu erfahren wir alle das Privileg haben.

Pythagoras, der Vater der Mathematik, stellte sich diesen mystischen Beginn der Schöpfung folgendermaßen vor:

> Von der Monade kam die unbestimmte Dyade, von ihr kamen die Zahlen, von den Zahlen die Punkte, von den Punkten die Linien, von den Linien die Flächen, von den Flächen die Körper, davon die Festkörper, die aus vier Elementen bestehen, nämlich Feuer, Wasser, Luft, Erde. Aus diesen besteht in verschiedenen Ausprägungen und abgewandelten Formen die Welt.

Die antiken Philosophen waren die ersten, die eine Wissenschaft der Zahlen für die Welt der Materie und der physikalischen Phänomene entwickelten. Sie wurde bekannt als *die Mutter aller Wissenschaften* und als *die erste Wissenschaft*. Die Wissenschaften der Astronomie, der Geometrie, der Chemie, der Alchimie, der Physik, des Handels, der Architektur, usw. – in der Tat, alle Wissenschaften dieser Welt verdanken ihre Grundlagen dieser Wissenschaft der Zahlen.

Die damaligen Denker waren jedoch gleichermaßen an der inneren, der poetischen und philosophischen Bedeutung der Zahlen interessiert. Ihre Forschungen galten der Philosophie der Zahlen, die heute meist Numerologie genannt wird. Diese Philosophie beschrieb Zahlen als kosmische Potenzen, die im wesentlichen zwei Erscheinungsformen bzw. Bedeutungen haben: eine äußere Erscheinung, für die sich besonders die Naturwissenschaftler interessieren, und eine innere Erscheinung oder Bedeutung, die vor allem die Philosophen interessiert. Denn es ist diese innere Bedeutung, durch die die Zahlen zum Symbol für angeborenen Charakter, universale Einflüsse und persönliches Potential werden.

Die Aufzeichnungen von Historikern, Theologen und Archäologen sind voll von Beispielen und Beweismaterial dafür, wie die

Denker und Philosophen der alten Zivilisationen und Kulturen, namentlich die Griechen, Babylonier, Phönizier, Hebräer, Kelten, Ägypter, Mayas und Tibeter, jeweils unabhängig voneinander ein philosophisches System der Zahlen entwickelten, um die »Gedanken Gottes« und »die Herzschläge der Natur« zu beschreiben und zu erklären.

Der Mathematiker früherer Zeiten glaubte, daß man *die Welt um so besser versteht, je besser und gründlicher man eine Zahl versteht*. Aus diesem Grunde war die Mathematik im Altertum eine weltanschauliche und eine naturwissenschaftliche Lehre. Damals waren die Priester mit Zahlen ebenso gründlich vertraut wie der Geometriker mit Dichtung, der Chemiker (oder Alchimist) mit Philosophie und der Astronom mit dem Priestertum. Das lag an dem Glauben der Menschen dieser Zeit, daß für alle Dinge es sowohl eine wissenschaftliche wie eine philosophische Wahrheit und Bedeutung gäbe.

Heute sind wir Zeugen der ersten Anfänge eines ganzheitlichen Ansatzes in der Wissenschaft, der den wichtigen Aspekt einer inneren, poetischen und philosophischen Bedeutung mit einbezieht. Dies gilt vor allem für die Quantenphysik. Der deutsche Nobelpreisträger Max Planck sagte: »Wissenschaft ... bedeutet unermüdliche Bemühung und immer weiter fortschreitende Entwicklung auf ein Ziel zu, das die poetische Intuition möglicherweise vorauszuahnen vermag, das aber der Intellekt niemals ganz begreifen wird.«

Die Mathematik ist nicht mehr ausschließlich eine kalte und leblose Wissenschaft, die nur zu teilen und zu trennen sucht. Wie schon der englische Wissenschaftler und Psychologe Havelock Ellis einmal bemerkte: »Hier, wo wir in den Bereich der Mathematik eintreten, sind wir mitten in Prozessen, die einigen als die unmenschlichsten und von der Dichtung am weitesten, am allerweitesten entfernt zu sein scheinen. Es ist jedoch genau hier, wo sich die Phantasie des Künstlers am stärksten entfaltet.«

Eine heilige Wissenschaft

> Hinter der Wand spielen die Götter; sie spielen mit Zahlen,
> aus denen das Universum gemacht ist.
>
> *Le Corbusier*

Die Philosophen und Mathematiker des alten Griechenlands wie
Pythagoras, Xenon, Platon und Artistoteles gehörten zu den
ersten, die den Zahlen eine große und genau zu definierende
heilige Bedeutung beimaßen – besonders den ersten zehn ganzen
Zahlen. Sie glaubten an eine Zahlenlehre, die sie als »die Sprache
Gottes« bezeichneten. Sie vermuteten, daß diese Sprache ihnen
während ihrer Meditationen durch himmlische Körper oder »Ab-
gesandte Gottes« vermittelt werde.

Die Zahlen wurden als Symbole für die Bausteine und das Gewebe der Schöpfung betrachtet. Sie stellten die Archetypen dar, durch
die das Verborgene sich manifestieren konnte, durch die das
Unendliche endlich, das Implizite explizit und das Spirituelle in
der Materie geerdet werden konnte. Man betrachtete deshalb das
Studium der Zahlen als Studium Gottes und der Schöpfung. Die
Erforschung der Zahlen war eine wahrhaft heilige Wissenschaft.

Die Analyse der religiösen und philosophischen Texte und
Schriften aller Zeiten und Kontinente zeigt, daß alte Kulturen zu
einer offenbar ähnlichen Sichtweise gelangten. In ganz Asien
beispielsweise wurden Zahlen als »von der Art Brahmas« oder
als »aus den Körpern Brahmas« verehrt. Bei den Babyloniern
waren die Zahlen von Sechzig bis hinunter zur Eins einer besonderen Gottheit vorbehalten. Die Juden, die die Kabbala studier-
ten, erdachten eine eigene Zahlenlehre, die sogenannte Gematrie.
Mystische Riten, spirituelle Rituale und heilige Initiationen, wie
sie beispielsweise von den Kelten und den Gnostikern praktiziert
wurden, basierten oft auf der göttlichen Macht der Zahlen. Und
ein bekannter ägyptischer Historiker stellte fest: »Ein großer Teil

der ägyptischen Philosophie und Religion scheint weitgehend auf der Wissenschaft der Zahlen aufgebaut zu sein ... alles in der Natur wurde allein aufgrund dieses Prinzips erklärt.« Im ersten Jahrhundert vor Christus kannte man auch im Kaiserreich China ein Numerologiesystem ähnlich dem des Pythagoras.

Die Bibel hat im Alten Testament ihr eigenes Buch der Zahlen, das »Numeri« genannte vierte Buch Mose, dessen symbolische Bedeutung Numerologen und Theologen gleichermaßen viele Jahrhunderte lang faszinierte. Auch an anderen Stellen der Bibel wird auf Zahlen Bezug genommen. Beim Propheten Hesekiel etwa findet sich folgender Satz: »Gott hatte sein Königreich gezählt, und er vollendete es.« Es ist auch wohlbekannt, daß St. Augustinus, der erste Erzbischof von Canterbury, von der geistlichen Symbolik der Zahlen fasziniert war und einen großen Teil seines Lebens dem Studium dieser Symbolik widmete. In der Tat, wohin man auch blickt – das Studium der Zahlen und das Studium Gottes gehen häufig Hand in Hand.

Rhythmen, Zyklen und Schwingungen

> Was aus dem Sein geht, kommt auch ins Sein; und was ins
> Sein kommt, geht auch aus dem Sein.
> *Corpus Hermeticum*

Die frühe Beschäftigung der Menschen mit den Zahlen scheint ihren Ursprung in der Beobachtung der Tages- und Nachtrhythmen, der Mondphasen, des Laufs der Sonne, des Gezeitenwechsels und der Jahreszeiten zu haben. Für den Numerologen entwickelt sich das Leben von Zyklus zu Zyklus. Die Auffassung einer linearen Zeit, von Zeitreihen mit einem Anfang und einem Ende, wird als die *Zeit des Menschen,* als eine in gewisser Weise beschränkte Sichtweise abgelehnt; die zyklische Zeit dagegen wird als die Zeit Gottes betrachtet. Die antiken Philosophen und Mathematiker beschrieben unsere Welt auch als einen dynamischen, kreativen und frei fließenden Strom von Energien und Lebenskräften. Jeder Mensch, den Sie treffen, jeder Ort, den Sie besuchen, jedes Objekt, das Sie sehen und berühren, sei es eine Pflanze oder ein Baum, ein Kristall oder ein Stein, ist eine einzigartige Anordnung und ein einzigartiger Ausdruck dieser Energie. Alles ist Schwingung. Schwingung aber ist Leben.

Zahlen stehen als Symbole für diese Schwingungen oder Schöpfungsenergien. Für den Numerologen repräsentieren sie die Ströme des Potentials, die das Universum versorgen und lenken, und die diesem Universum helfen, sich zu entwickeln. Diese Ströme fließen mittels teils kurzer, teils langer, kleiner oder enorm großer Zeitzyklen durch den Raum.

Der Glaube an die doppelte Existenz einer *zyklischen Zeit* und eines *dynamischen Universums* ist einer der Grundpfeiler des Zahlenverständnisses früherer Philosophen und Mathematiker. Es ist daher wirklich aufregend und erfreulich zu beobachten, daß nun auch moderne Wissenschaftler und Mathematiker beginnen, diesen Ideen Glauben zu schenken. In seinem Buch *Mind over Matter* setzt sich Kit Pedler für das Konzept einer neuen Physik ein, die die Schöpfung als einen dynamischen, tanzenden, universellen Fluß vereinigter Lebensenergie beschreibt. Er schreibt:

> Die Physiker betrachten die Natur heutzutage als ein viel beweglicheres, fließenderes Ganzes. Die starre mechanistische Sichtweise Newtons machte einer Anschauung Platz, die auf einer sehr viel breiteren Basis ruht, die aber ebenso logisch und rational ist. Es ist eine Anschauung, bei der nur von fließenden Interaktionen und Verbindungen die Rede ist und nicht von starr festgelegten Strukturen in einem fixen und bewegungslosen Bereich von Raum und Zeit.

Mikrokosmos und Makrokosmos

> Der Mensch ist ein Mikrokosmos oder eine kleine Welt,
> weil er ein Extrakt aller Sterne und Planeten des gesamten
> Firmaments, der Erde und der Elemente ist – und also ist er
> ihre Quintessenz.
>
> *Paracelsus*

Während die Numerologie sich ursprünglich wohl aus dem Studium der riesigen kosmischen und universellen Zyklen entwikkelt haben könnte, die sich über Raum und Zeit spannen, konzentrierte sie sich im folgenden zunehmend auf persönliche Zyklen, Rhythmen, Abschnitte und Gezeiten in uns selbst, die unsere Entwicklung bewirken, beeinflussen und bestimmen.

Die alten Philosophen und Mathematiker betrachteten die Welt gemäß der Auffassung einer Einheit von Mikrokosmos und Makrokosmos. So vermuteten sie beispielsweise, daß sich innerhalb jedes Makrokosmos Mikrokosmen befinden, und daß in jedem Mikrokosmos der Makrokosmos enthalten ist. Mit anderen Worten, jeder Mensch auf diesem Planeten ist eine winzige Welt (ein Mikrokosmos), die im Universum (dem Makrokosmos) lebt, aber zugleich lebt das Universum (der Makrokosmos) in uns (dem Mikrokosmos). *Deshalb muß das, was das Universum erhält, versorgt und verändert, auch uns erhalten, versorgen und verändern.*

Philosophische und poetische Texte aus aller Welt stützen die Vorstellung der Einheit von Mikrokosmos und Makrokosmos. Eine der Bibeln des Ostens, *Die Upanischaden,* enthält eine wunderbare Beschreibung des menschlichen Geistes:

> Dies ist der Geist, der in meinem Herzen ist, kleiner als ein
> Reiskorn oder ein Haferkorn oder ein Senfkorn oder ein
> Kapuzinerkresse-Saatkorn oder der winzige Kern im Saatkorn
> des Kapuzinerkresse-Saatkorns. Dies ist der Geist, der in

meinem Herzen ist, größer als die Erde, größer als der Himmel, größer als das Himmelreich, selbst größer als alle diese Welten.

Es ist interessant, wiederum zu beobachten, daß moderne Wissenschaftler oder Mathematiker sich heute ebenfalls der Idee des »Mikrokosmos – Makrokosmos« zuwenden. Der Physiker Max Planck schrieb:

Gemäß der modernen Mechanik [Feldtheorie] existiert jeder individuelle Partikel des Systems in einem gewissen Sinn zu jeder Zeit gleichzeitig in jedem Teil des Raums, der von dem System eingenommen wird. Die gleichzeitige Existenz gilt nicht nur für das Kraftfeld, von dem er umgeben ist, sondern auch für seine Masse und Ladung.

Einige moderne Biologen vertreten eine ähnliche Überzeugung: sie glauben, daß eine einzige Pflanzenzelle in sich die Fähigkeit trage, die ganze Pflanze zu reproduzieren. Über dieses gedankliche Neuland schrieb Gary Zukav, Autor des Buches *The Dancing Wu Li Masters* (Die tanzenden Wu Li-Meister):

Ebenso ist die philosophische Lehre der Quantenmechanik, daß alle Dinge in unserem Universum (einschließlich unserer selbst), die unabhängig voneinander zu existieren scheinen, in Wirklichkeit Teile eines allumfassenden organischen Musters sind, und daß kein Teil dieses Musters jemals wirklich von diesem ganzen Universum oder von den anderen Teilen getrennt ist.

Die Numerologen früherer Zeiten glaubten, daß die Kräfte, die durch die Zahlen dargestellt wurden, nicht nur Planeten, Monde, Sonnen und Galaxien stützen, beeinflussen und auf sie einwirken, sondern auch die Formen des Lebens auf diesen Himmelskörpern. Mit anderen Worten, auch Ihre Entwicklung, Ihr Fortschritt und Ihr Leben haben eine tiefe und bedeutsame Beziehung zu Zahlen. *Ihr Leben ist auf Zahlen aufgebaut.*

Männliche und weibliche Zahlen

> Der Weg erzeugt Eins, die Eins erzeugt Zwei; die Zwei erzeugt Drei; Drei erzeugt die unzähligen Kreaturen. Die unzähligen Kreaturen tragen auf ihrem Rücken das Yin [das Weibliche] und halten in ihren Armen das Yang [das Männliche]; in ihnen sind die Zeugungskräfte von Yin und Yang vereint.
>
> *Tao-te King*

Philosophen und Mathematiker fast aller alten Kulturen glaubten, daß die wesentlichen, universellen Kräfte, die fortwährend die Evolution der Welt stützen, erneuern und beeinflussen – und zwar in der Weise, wie es durch die Zahlen symbolisch ausgedrückt wird –, in zwei grundlegend entgegengesetzte, jedoch sich ergänzende Faktoren eingeteilt werden können, nämlich in das Männliche und das Weibliche. So wurde von den ungeraden Zahlen, also Eins, Drei, Fünf, Sieben und Neun gesagt, sie hätten einen männlichen Einfluß, während die geraden Zahlen, das heißt Zwei, Vier, Sechs und Acht, einen weiblichen Einfluß haben sollen.

Die antiken Numerologen meinten, daß das Universum und alles, was es in sich birgt, wesentlich dualistisch strukturiert sei und also aus den Gegensatzpaaren männlich und weiblich, aktiv und passiv, initiativ und bewahrend, introvertiert und extravertiert, Yin und Yang bestehe.

Männlich	Weiblich
Yang	Yin
Animus	Anima
Sonne	Mond
Licht	Dunkelheit
warm	kalt
ausdehnend	zusammenziehend
Intellekt	Intuition
Logik	Phantasie
individuell	kollektiv
aktiv	passiv
initiativ	bewahrend

In vielen der bekanntesten Mythologien, Legenden, Religionen und Philosophien der Welt gab es die Vorstellung eines universellen »Tanzes« des Männlichen mit dem Weiblichen. Der »Vater Himmel« und die »Mutter Erde« der nordamerikanischen Indianer, der »Herr des Himmels« und die »Dame der Erde« der Maori-Tradition, die »Er-Götter«, »Sie-Götter« und »Er-Sie-Götter« der Ägypter, die »Götter« und »Göttinnen« Griechenlands und nicht zuletzt der Mythos von Adam und Eva im Alten Testament sind nur einige von vielen aus aller Welt stammenden Beispielen für den Glauben an eine männliche und weibliche Grundstruktur des Lebens und der Existenz, so wie wir sie erleben.

Die modernen Mathematiker und Wissenschaftler sind von der Theorie der Gegensätze gleichermaßen fasziniert. Wieder einmal ist hier die moderne Physik mit ihren Forschungen über Symmetrie und Polarität, über Antimaterie und Antiwelten, über Elektronen, Protonen und Neutronen wegweisend. Der bekannte dänische Physiker Niels Bohr, ein Nobelpreisträger, war so begeistert von dem Spiel der Gegensätze im Leben, daß er sein eigenes Familienwappen nach dem Modell des alten Yin-Yang-Symbols entwarf.

Fritjof Capra erläutert das heute übliche Denken moderner Physiker:

> Die grundlegende Kraft ..., die alle atomaren Phänomene hervorbringt, ist wohlbekannt und kann in der makroskopischen Welt erfahren werden. Es ist die Kraft der elektrischen Anziehung zwischen dem positiv geladenen Atomkern und den negativ geladenen Elektronen. Das Zusammenspiel zwischen dieser Kraft und den Elektronenwellen verursacht die ungeheure Vielfalt an Strukturen und Phänomenen in unserer Umwelt. Es ist verantwortlich für alle chemischen Reaktionen und für die Bildung der Moleküle, das heißt die Anhäufung einiger Atome, die durch gegenseitige Anziehung aneinander gebunden sind. Das Zusammenspiel von Elektronen [negativ] und Atomkernen [positiv] ist somit die Basis aller Festkörper, Flüssigkeiten und Gase und auch aller lebenden Organismen und der biologischen Prozesse, die damit in Zusammenhang stehen.
> *Das Tao der Physik*

Ersetzen Sie die Worte positiv und negativ durch männlich und weiblich, und es zeigt sich, daß der Philosoph des Altertums und der moderne Wissenschaftler eine bestimmte Sichtweise der Welt gemeinsam haben. Sie sehen diese Welt als Ergebnis eines gleichsam tänzerischen Wechselspiels von komplementären Naturprinzipien. Diese Beziehung zwischen zwei Gegensätzen liefert die Grundlage für alle Beziehungen, die es je gab und je geben wird.

»Glücks-« und »Unglücks«-Zahlen

> Die ungrade Zahl bringt Glück … Man sagt, die ungrade
> Zahl sei eine heilige bei Geburt, bei Schicksalen und beim
> Sterben.
> *William Shakespeare, Die lustigen Weiber von Windsor*
> *5. Akt, 1. Szene*
> *dt. v. A. W. Schlegel und Ludwig Tieck*

Jedes Numerologiesystem des Altertums hatte seine sogenannten »Glücks-« und »Unglücks«-Zahlen. Meistens wurden die
Glückszahlen wegen einer engen Verbindung zu einer Gottheit,
einer Verbindung mit der Natur oder einer mathematischen Beziehung zur Musik als solche bezeichnet.

Die Zahl Zwei wurde von fast jeder arithmetischen Schule als die
fatalste und schlimmste Unglückszahl betrachtet; sie repräsen-
tierte Teilung, Trennung, Uneinigkeit, Unordnung, Konflikt und
Gegensätzlichkeit in dem Sinne: »Zu einem Streit gehören immer
zwei«.

Die Zahl Drei wurde in fast allen arithmetischen Traditionen als
die verheißungsvollste und stärkste Glückszahl angesehen; sie
versinnbildlicht vollkommene Harmonie und die Überwindung
von Trennung und Meinungsverschiedenheit. Die Zahl Drei re-
präsentierte auch die Trinität, wie sie in so vielen Weltreligionen
dargestellt wird: »Aller guten Dinge sind drei«.

In den frühen Überlieferungen aus der orientalischen Numerologie wurde zum Beispiel die Zahl Fünf deswegen als Glückszahl
angesehen, weil sie in der Natur im Überfluß vorkommt, beispielsweise in den fünf Elementen (Erde, Feuer, Wasser, Luft und
Äther) und in den fünf inneren Organen des Körpers. Die orien-
talische Musik und Harmonielehre beruhten auf dem Prinzip der
Pentatonik, die mit Tonleitern aus fünf Tönen arbeitet. Die Ethik
der Konfuzianer schließlich kennt ebenfalls genau fünf Tugenden

19

(Menschlichkeit, Rechtschaffenheit, Moralempfinden, Treue und Vertrauenswürdigkeit).

Auch im arithmetischen System des Pythagoras war die Zahl Fünf eine Glückszahl, weil man sie als die in der Natur am häufigsten vorkommende Zahl ansah. In den alten arithmetischen Traditionen der Kabbala wurde die Fünf wegen ihrer Verbindung mit einem Symbol, nämlich dem Pentagramm oder fünfstrahligen Stern, als eine Glückszahl angesehen. Im Gegensatz dazu war die Fünf in der christlichen Kirchennumerologie eine düstere Zahl, und zwar wegen ihrer Verbindung zu den Wunden des Erlösers: zwei in den Händen, zwei an den Füßen und eine in der Seite.

Sehr oft wurde eine Glückszahl des einen Numerologiesystems im Rahmen eines anderen Numerologiesystems für eine Zahl mit ungünstigen Kräften und Bedeutungen gehalten. Alle Numerologiesysteme scheinen jedoch darin übereinzustimmen, daß es in der Realität in jeder Zahl ein latentes »angenehmes« und ein latentes »schädliches« Potential gibt. Mit anderen Worten: in jeder Zahl sind Erfolg und Mißerfolg als Möglichkeiten gleichermaßen angelegt, und es hängt letztlich von Ihrer eigenen Entscheidung ab, ob Sie das Potential der Zahl für oder gegen sich arbeiten lassen. Der Schlüssel zum Erfolg liegt in Ihren eigenen Bemühungen, eine Welt der Ausgeglichenheit, Ordnung und Harmonie in sich selbst zu schaffen.

Harmonie

> Es ist nicht die Aufgabe der Sonne, den Mond zu überholen,
> und es ist nicht die Aufgabe der Nacht, schneller zu sein als
> der Tag. Sie bewegen sich beide in einer Umlaufbahn.
>
> *Der Koran*

Zahlen sind keine abgetrennten, individuellen oder isolierten
Einheiten; sie sind Ausdruck eines einzigen, viel größeren Ganzen. Die Numerologie arbeitet deshalb nicht nur mit ein oder zwei
Zahlen. Sie arbeitet vielmehr mit allen zehn Grundzahlen und
kann dadurch in Ihnen selbst und in Ihrem Umfeld größere
Harmonie, mehr Erleuchtung und mehr Potential manifest werden lassen. Eine der höchsten Wahrheiten der Numerologie ist,
daß *Sie alle, jeder Einzelne von Ihnen, Zahlen sind; und entsprechend haben Sie ein unendliches Potential.*
Die Numerologen des Altertums behaupteten auch, daß Sie um
so leichter in der Lage seien, mit den Zyklen und Rhythmen,
Bewegungen, Entwicklungen, den Gezeiten und Einflüssen des
Lebens, wie sie von den Zahlen dargestellt und charakterisiert
werden, zusammenzuarbeiten, je besser und feiner Ihr Sinn für
die eigene innere Harmonie entwickelt ist. *Letztlich befassen wir
uns mit der Numerologie, um uns der Welt, die uns umgibt, und
der Welt, die in uns ist, gut anpassen zu können, um mit ihr zu
harmonisieren und Frieden zu schließen.*
Synchronizität ist ein fundamentaler Aspekt des numerologischen
Wissens. Für den Numerologen gibt es im Leben keinen Zufall und
kein Glück; vielmehr dreht sich die Welt entsprechend dem Plan,
und das Leben bewegt sich auf ein bestimmtes Ziel hin. Deswegen
bieten Ihnen die Muster und Anordnungen der Zahlen in Ihrem
Leben einen Ansatzpunkt für Lektionen, Potentiale und Chancen.
Das Leben in Einklang mit den Zahlen zu leben ist das höchste
Ziel und die höchste Belohnung des numerologischen Wissens.

Selbsterkenntnis

> Das Wissen vom Selbst ist das wesentliche Wissen:
> Es führt die Menschheit zur Erkenntnis. Im Verstehen des
> Menschen liegt jenes Verstehen der Natur, das uns hilft,
> das Gesetz der Schöpfung zu erkennen.
>
> *Hazrat Inayat Khan*

Je tiefer ein Mensch nachdenkt, meditiert, in das Wesen einer Zahl schaut und deren Essenz kennenlernt, desto tiefer lernt dieser Mensch die Essenz seines Selbst kennen. Numerologie wurde, genau wie die Schwesternwissenschaft Astrologie, im wesentlichen als eine Wissenschaft des Selbst betrachtet. In der Tat hält der Numerologe alle Wissenschaften letztendlich für Bereiche der Erforschung des Selbst.

Durch das Studium der Zahlen lernen wir uns selbst kennen. Zahlen sind wie Zeichen, die uns der Kosmos schickt. Sie werfen ein Licht bewußter Erkenntnis auf unsere dunklen, unbewußten Bereiche. Alle Aspekte unserer Persönlichkeit, Stärken und Schwächen, wesentliche Merkmale und Aufgaben, können durch eine bewußte, tägliche Beziehung zu Zahlen deutlich erkennbar werden; sie können gefördert und entwickelt oder überwunden werden.

Durch das Studium der Zahlen realisieren wir auch einen Teil unseres unbegrenzten Potentials. Die Energien, die zusammenflossen, um Sonnen, Galaxien und Universen zu schaffen, sind dieselben, die zusammenflossen, um uns selbst zu schaffen. Durch Zahlen entdecken wir unseren Platz in einer Welt der unbegrenzten Möglichkeiten.

Durch das Studium der Zahlen können wir daher eine stärkere, kreativere und realistischere Beziehung zu uns selbst und zu anderen aufbauen. Damit ist die Numerologie, ebenso wie sie eine heilige Philosophie der Welt um uns herum ist, auch eine persönliche Wissenschaft unserer eigenen Natur und unseres inneren Selbst.

Kapitel 2

Zahlenprofile

Jede Zahl in unserem Leben ist ein Symbol für ein hohes Potential an Energie, Charakter, Einfluß und Wirkmöglichkeiten. Zahlen haben eine Persönlichkeit, die besondere Potentiale, Möglichkeiten und Entwicklungen fördert – Sie haben die Wahl, mit dieser Zahlenpersönlichkeit zu arbeiten oder sie zu ignorieren. Der Schlüssel zu einer positiven Beziehung zu diesen Potentialen liegt darin, daß *die Zahlen für Sie arbeiten, wenn Sie für die Zahlen arbeiten. Oder anders ausgedrückt, daß die Zahlen arbeiten, wenn Sie arbeiten.*

Synchronizität und Vorsehung sind wesentliche Bausteine der numerologischen Lehre; in diesem Lehrgebäude hat der Zufall hingegen keinen Platz. Entsprechend der numerologischen Lehre hat jede bedeutende Zahl in Ihrem Leben, beispielsweise Ihre *persönliche Geburtstagszahl* und Ihre *persönliche Jahreszahl*, zu Ihnen eine ganz besondere Beziehung und einen spezifischen Einfluß. Dieser Einfluß wirkt kontinuierlich auf vielen Ebenen des Bewußten und des Unterbewußten und hilft bei der Gestaltung und der Entwicklung Ihres Lebens.

Ihr Charakter, Ihre Persönlichkeit und Ihre Lebenserfahrungen können alle von den Eigenheiten und Potentialen der Zahlen, von denen Sie umgeben sind und die mit Ihnen leben, inspiriert und beeinflußt sein. Mit anderen Worten, *der Charakter, die besondere Qualität Ihrer Zahlen, könnte die Qualität Ihres Lebens beeinflussen.* Ihr Leben wird jedoch niemals durch Zahlen beherrscht oder kontrolliert werden. *Zahlen sind Potentiale: Sie selbst sind der Schöpfer und der Kontrolleur.*

Das gesamte Potential jeder Zahl umfaßt neun Bereiche oder Dimensionen, nämlich die des Körperlichen, des Seelisch/Emotionalen, des Geistigen, des Willens, des Kollektives, der Weisheit, der Liebe, der Spiritualität und des Gesetzes. Alle diese Dimensionen können in Ihrem Leben wachsen und blühen, jedoch müssen Sie sich ihnen zunächst einmal öffnen und auf den richtigen Ebenen arbeiten.

EINS

Die Kraft und das Potential der Zahl Eins werden traditionell mit den Schwingungen der Farbe Rot in Verbindung gebracht.

Deswegen haben Rot-Menschen (also Menschen mit der Persönlichkeitsfarbe Rot) und *Einser-Menschen* häufig bestimmte gemeinsame Eigenschaften und Merkmale. Es sind oft sehr warme, dynamische und lebhafte Persönlichkeiten, die meistens natürlich, charmant und entspannt wirken. Auf der anderen Seite können diese Menschen aber bisweilen *hitzköpfig, heißblütig* und *feurig* sein. Wenn sie einen schlechten Tag haben, dann sollten Sie ihnen lieber aus dem Weg gehen!

Die Eins wird üblicherweise auch mit dem Körper in Verbindung gebracht. Sie ist eine Zahl, die die Manifestation des Geistigen repräsentiert und insbesondere das Eindringen des Geistigen in das Materielle. Die numerologische Schöpfungsgeschichte besagt, daß es das erste Ziel des Schöpfers gewesen sei, die Welt sichtbar werden zu lassen, und daß Gott dafür die Kraft und das Potential der Zahl Eins beschwören mußte.

Die Kraft und das Potential der Zahl Eins werden auch mit einem Wochentag verknüpft: mit dem Montag, der ebenfalls »der erste« ist. In der heiligen Geometrie ist die Eins mit der griechischen uranfänglichen *Monade* verbunden, was soviel wie »Göttliches Feuer«, »Göttlicher Funke« oder »Logos des Lebens« heißt. Mit anderen Worten, die Monade repräsentiert den Anfang der Schöpfung, den Beginn des Lebens in allen Galaxien und allen Welten. Sehr oft wird die Monade als der genaue Schnittpunkt eines Kreuzes dargestellt, das ja ebenfalls in vielen Zivilisationen und Kulturen unserer Welt ein Symbol für das Leben ist.

In der Astrologie wird die Kraft der Eins besonders mit der Sonne und dem Mars in Verbindung gebracht und ebenso mit den Zeichen Widder (»Ich bin«) und Stier (»Ich habe«). In der heiligen Anatomie hat die Zahl Eins eine genaue Beziehung zu den Körperzentren heiliger Energie, den sogenannten *Chakren*. Insbesondere ist sie mit dem roten Hauptchakra verbunden, das oft auch als das *Chakra des physischen Lebens* und *als das Chakra der Vermehrung und Fortpflanzung* bezeichnet wird; sie ist feiner mit dem gelben Solarplexus-Chakra, dem sogenannten *Sonnenchakra,* verbunden. Entsprechend wird die Zahl Eins oft mit der Sonne und mit sonnigen Persönlichkeiten in Zusammenhang gebracht. Die Zahl Eins wurde außerdem mit der mystischen Kraft der Kundalini (»Lebenskraft«) assoziiert, ebenso mit Orgasmus, Geburt und Wiedergeburt.

Stärken

Das Potential der Zahl Eins ist eine männliche, dynamische und vibrierende Energie. Wenn Ihre persönliche Geburtstagszahl eine Eins ist oder wenn Sie in Ihrer Numerologiekarte von der Zahl Eins stark beeinflußt sind, dann kann dieses Potential eine Quelle großartiger Inspiration für Sie sein. Vor allem entdecken Sie möglicherweise, daß Sie einen gewaltigen Lebenshunger haben. Für einen Einser-Menschen ist jeder Tag der »erste Tag des Rests meines Lebens«. Das Potential, die Möglichkeiten und der Reichtum des Lebens sind einem Einser-Menschen heilig.

Die Kraft und das Potential der Zahl Eins können dem betreffenden Menschen einen klaren Richtungssinn im Leben vermitteln. Einser wissen ihre Ziele oft mit großer Präzision und Sicherheit zu erreichen: Sie sind willensstark, entschlossen und tendenziell eher Einzelgänger. Orientierung ist lebenswichtig, weil sie die Voraussetzung für Erfolg ist, und für einen Einser ist Erfolg ein absolutes Muß. Gemocht zu werden, die Mitmenschen zu beeindrucken und als ein Erfolgsmensch anerkannt zu werden, sind oft die wichtigsten Prioritäten.

Das Potential der Zahl Eins birgt Tapferkeit, Mut und grenzenlose Entschlossenheit. Einser sind in den von ihnen gewählten Lebensbereichen sehr häufig kühne, wagemutige Pioniere und Erforscher. Sie sind vital, dynamisch und schnell, die geborenen spirituellen Führer, sowohl im Denken als auch im Handeln. Wagnis, Fortschritt und Risiko sind die Würze ihres Lebens. Disziplin, Begeisterung und Freude am eigenen Tun gehören ebenfalls dazu und sind geradezu unerschöpflich. Sie als Einser haben möglicherweise ein deutlich ausgeprägtes Gefühl, daß Ihr Potential unbegrenzt ist. Sie spüren vielleicht, daß dieses Gefühl Sie schon Ihr ganzes Leben lang begleitet hat.

Wenn Sie ein Einser sind oder wenn Sie in Ihrem Diagramm von der Zahl Eins sehr stark beeinflußt sind, dann kann das entsprechende Potential die kreative, natürliche Führungspersönlichkeit in Ihnen zum Leben erwecken. Sie entdecken vielleicht, daß Sie sich ohne Schwierigkeiten selbst motivieren können und auch andere mitzureißen vermögen. Einser sind oft schnelle, klare, präzise und unabhängige Denker, die gut Entscheidungen treffen, Probleme lösen und Ratschläge erteilen können. Sie sind einflußreiche Mentoren, die die Menschen um sich herum zu begeistern wissen. Niedergeschlagenheit, Verzweiflung und Trägheit sind bei ihnen nur vorübergehende Erscheinungen; die meiste Zeit ihres Lebens sind sie hoffnungsvoll, optimistisch und entschlossen.

Das Potential der Zahl Eins fördert tendenziell Erfindungsgeist, Kreativität und Originalität. Einser haben oft einzigartige Charaktermerkmale. Unabhängigkeit des Denkens und Handelns sind ebenfalls Kennzeichen des Potentials der Zahl Eins. Ebenso ist es mit der Unschuld. Ein Einser ist oft sehr lebendig und auf eine kindliche Art unschuldig und unvoreingenommen. Diese unvoreingenommene Sichtweise der Welt ist vielleicht das, was seinen Erfolg ausmacht und den Einser von allen anderen Zahlentypen unterscheidet.

In ausgeglichenem Zustand spürt der Einser ein starkes Gefühl der Verbundenheit, des Einsseins mit sich und mit anderen. Einser gehen, um einen Begriff von C. G. Jung zu gebrauchen, durch den Prozeß der Individualität mit einem starken Gefühl von Ganzheit, Identität und Dazugehörigkeit. Dieser Individuationsprozeß ist die Basis für im Grunde sehr starke, gesunde und engagierte Zweierbeziehungen. Die Zahl Eins weckt Loyalität, Unterstützung, Engagement und Liebe für die Menschen in Ihrem Leben. In Ihren engen Beziehungen spielen physische Anziehung und sinnlicher Ausdruck eine wichtige Rolle.

Die Zahl Eins ist ein sehr physisches, materielles und zugleich ein sehr spirituelles, poetisches Potential. Die »Einheit« des Lebens, der Menschheit und der Schöpfung können für Einser-Menschen eine Quelle großer Inspiration und sicherer innerer Führung sein. Auch der Glaube an einen allgegenwärtigen, allmächtigen und allwissenden Gott, an den Schöpfer, der die eigentliche Nummer Eins ist, kann für Einser-Menschen ein leitender Gedanke sein.

Aufgaben

Wenn die Kraft und das Potential der Zahl Eins unausgeglichen sind, können sie entschieden gefährlich werden. Zu viele Einsen in Ihrem numerologischen Diagramm sind ein Potential, das zum Beispiel eine selbstsüchtige, egozentrische und egoistische Einstellung zum Leben fördern kann. Es bestehen ein enormer Drang und eine starke Motivation, immer die »Nummer eins« und allen eine Nasenlänge voraus zu sein. Intuitive Sicherheit wird mit überstürzten Entscheidungen verwechselt, Erfindungsgeist und

Einsicht werden zur Basis für eine rebellische Grundhaltung, Führungseigenschaften werden zur Beherrschung anderer mißbraucht. Frustration, Intoleranz und Ungeduld können starke Wut- und Ärgergefühle hervorrufen, während ein wachsendes Gefühl der Einsamkeit den Menschen in die Depression treibt.

Einser-Persönlichkeiten leiden oft unter ihrem eigenen Konkurrenzverhalten. Sie haben das Gefühl, immer noch eine Stufe besser sein zu müssen. Sie dürsten nach Anerkennung und Bestätigung von anderen, vor allem deshalb, weil sie nicht fähig sind, diese Anerkennung in sich selbst zu finden. Sie werden, mit anderen Worten, von einem Gefühl der Minderwertigkeit getrieben, das oft auf einer erdrückend empfundenen Isolation beruht. Eine der wesentlichen Lektionen der Numerologie lautet, daß keine Zahl für sich allein stehen kann; eine der wesentlichen Lektionen im Leben ist, daß kein Mensch allein bestehen kann. Niemand kann es sich leisten, fortwährend eine »Ein-Mann-Show« abzuziehen.

Einser können sich so sehr in ihre eigene Welt einigeln, daß sie Schwierigkeiten haben, eine erfolgreiche, lohnende und enge Beziehung einzugehen; oftmals fehlt es ihnen an Einfühlung, Verständnis, Fürsorglichkeit und der gelegentlich erforderlichen Selbstlosigkeit. Bisweilen machen sich Einser-Menschen in ihren Beziehungen der Selbstsucht und des Egoismus schuldig. Die Fähigkeit, zu anderen enge gefühlsmäßige Beziehungen aufzubauen, ist eine der größten Herausforderungen für einen Einser.

Trotz des äußeren Eindrucks von Stärke und Wagemut können Einser oft sehr verletzlich sein, vor allem, wenn es um Beziehungen geht. Sie können unnahbar, angespannt, gefühlskalt und betont einzelgängerisch wirken. Einser sind oft sehr unabhängige Menschen, die eine Menge Raum und Zeit für sich selbst brauchen. Bisweilen legen sie eine demonstrative Unabhängigkeit an den Tag; dadurch wird die offene, persönliche Kommunikation mit ihnen erschwert.

Die Zahl Eins kann gewiß Erfolg fördern, aber welche Art von Erfolg und zu welchem Preis? Die Ziele eines Einsers können manchmal ziemlich begrenzt sein, nur auf Anerkennung, materiellen Wohlstand und sozialen Status gerichtet. Wer Erfolg um seiner selbst willen anstrebt, kommt meist nicht zum Ziele. Gewisse Arten von Erfolg bringen keine Freiheit und keine Erfüllung; sie sind zudem von sehr begrenzter Dauer. Einser tun gut daran, sich diese Tatsache bewußt zu machen.

Eine der größten Herausforderungen für viele Einser-Menschen ist die Verbesserung ihrer Lebensqualität. Wenn die Schattenkraft der Zahl Acht (spirituell) ihren Einfluß auf die Einser nicht ausüben darf, können diese Menschen leicht auf der materiellen und physischen Ebene der Existenz stecken bleiben. Es gelingt ihnen nicht, sich um die geistige, emotionale Ebene zu kümmern. Dies kann letztendlich zu einem Gefühl mangelnder Erfüllung und dem Scheitern des Individuationsprozesses führen.

Zwar ist es richtig, daß die meisten Herausforderungen der Einser-Persönlichkeit damit zu tun haben, zuviel davon zu haben, jedoch entstehen diese Herausforderungen gelegentlich auch dadurch, zuwenig zu haben. Jeder hat wenigstens eine Zahl Eins in seinem numerologischen Diagramm. Eine geringe Anzahl Einsen kann jedoch zu gewissen Schwierigkeiten führen, wie zum Beispiel zu der Unfähigkeit, mit beiden Beinen auf dem Boden der Realität zu stehen, einem Mangel an Antrieb, einem Gefühl der Orientierungslosigkeit, zu körperlicher Schwäche und einem Mangel an Durchsetzungsvermögen und Ehrgeiz.

Andere Zahlen in Ihrem vollen numerologischen Diagramm können helfen, eine geringe Anzahl Einsen zu kompensieren. Zum Beispiel kann die Zahl Vier Willen, Bemühung und Antrieb fördern, die Zahl Drei kann geistigen Erfolg und eine klare Orientierung anregen und die Zahl Acht, Schatten der Eins, kann ein gewisses Maß an spirituellem Ehrgeiz liefern. Die Zahl Eins, die Zahl der Farbe Rot, ist jedoch eine grundlegende Energie, die oft notwendig und wesentlich ist, um das Potential aller anderen Zahlen anzuzeigen.

ZWEI

Traditionell wurden die Kraft und das Potential der Zahl Zwei von numerologischen Schulen mit den Schwingungen der Farbe Orange, die eine Mischung aus Rot und Gelb ist, in Verbindung gebracht. Die Farbe Rot symbolisiert physische Aktion, die Farbe Gelb die Aktion des Verstandes; die Farbe Orange vereinigt diese beiden zusätzlichen Kräfte mit der Aktion des Intuitiven. Die Kraft der Zwei ist folglich ein intuitives, nährendes und einigendes Potential.

Das Potential der Zahl Zwei wird traditionell auch mit Dualität, Kontrast und Vereinigung verknüpft. In der Geometrie wird die Zwei mit dem Symbol des Kreuzes und des Caduceus', des Merkurstabs (zwei Schlangen um einen Stab gewunden), verbunden; beides sind Zeichen der Dualität *par excellence*. Deshalb wird die Zwei auch mit der Dualität von Nacht und Tag, des Positiven und des Negativen sowie besonders des Männlichen und Weiblichen assoziert.

Die Numerologie deutet die Schöpfungsgeschichte dergestalt, daß Gott es sich beim Schöpfungsakt zum zweiten Ziel gesetzt hatte, das Potential der Zahl Eins zu teilen, so daß die Schöpfung beginnen konnte, sich auf Millionen und Abermillionen verschiedene Weise auszudrücken. Um das zu tun, mußte Gott die warme, nährende und erhaltene Kraft der Zwei beschwören. Das Kreuzsymbol wird manchmal als eine Weltkarte verstanden und interpretiert: der Mittelpunkt ist die Kraft der Eins, die Monade oder der göttliche Funke, dem alle Dinge entspringen; die nach oben und unten und nach rechts und links gerichteten Arme des Kreuzes repräsentierten die Kraft der Zwei (des Männlichen in der

Vertikalen, des Weiblichen in den Horizontalen), durch die die vielfältigen Lebensformen gefördert und erhalten werden.

In der heiligen Anatomie wird die Zahl Zwei mit dem emotionalen Körper und auch mit dem orangefarbenen Unterleibschakra und dem grünen Herzchakra in Verbindung gebracht. Das orangefarbene Chakra wird manchmal als das Chakra der Verdauung bezeichnet – wobei die physische und ebenso die mentale und spirituelle Verdauung gemeint sind. Das grüne Herzchakra wird öfters als der Sitz der Seele bezeichnet. In der Astrologie wird die Zahl Zwei besonders mit dem Dienstag, dem Mond und dem Sternzeichen Krebs (»Ich fühle«) in Verbindung gebracht.

Stärken

Die Zahl Zwei ist eine weibliche Energie, die auf Gefühl, Einfühlung, Intuition, Instinkt und Fürsorge eingestimmt ist. Zweier-Menschen sind oftmals warmherzige Seelen, die gut kommunizieren, hingebungsvoll für andere Menschen sorgen, einfühlsam zuhören und aufrichtig vermitteln können. Sie können sanft, diplomatisch, fürsorglich, verständnisvoll und sympathisch sein und bieten ihren Mitmenschen oft eine »starke Schulter, an der man sich ausweinen kann«.

Das Potential der Zahl Zwei fördert oft den ehrlichen, hingebungsvollen Freund ebenso wie den Menschen, der sich mit Leib und Seele für seinen Beruf engagiert. Aus diesem Grund arbeiten Zweier-Persönlichkeiten häufig als Krankenschwestern, Sozialarbeiter, Berater, Beschäftigungstherapeuten, Heiler, im Personalbereich oder im Gastgewerbe. Es liegt auf der Hand, daß ein sozial eingestellter Mensch sich auch für einen sozialen Beruf entscheidet.

Wenn Sie ein Zweier sind oder wenn Sie einen starken Einfluß der Zwei in Ihrem numerologischen Diagramm haben, dann werden Sie vielleicht auch bemerken, daß Sie für Freunde, Familie und Arbeitskollegen ständig die Rolle der inoffiziellen Kummertante spielen. Jedermann schüttet Ihnen sein Herz aus. Und Sie sind tatsächlich in der Lage zu helfen, nicht so sehr auf Grund dessen, was Sie tun, sondern vielmehr auf Grund dessen, was Sie sind.

Die Kraft der Zwei hat eine sehr gefühlvolle Qualität. Zweier haben deshalb häufig besonders enge und tiefgehende Beziehungen zu anderen Menschen. Ihre Freundschaften und Liebesbeziehungen sind meist von Aufrichtigkeit und Loyalität geprägt. Romantik kann für Zweier-Menschen sehr wichtig und äußerst befriedigend sein, vor allem, wenn sie es zulassen, daß das Potential der Sieben, der Schattenzahl der Zwei, ebenfalls eine wichtige Rolle spielt. Zu den besonderen Qualitäten eines ausgewogenen Zweierpotentials gehört die Fähigkeit, sich auf einen Menschen einzustimmen, eine Beziehung zu pflegen, Menschen zu erlauben, einfach sie selbst zu sein, und die Gedanken und Gefühle eines anderen Menschen zeitweise *über die eigenen* zu stellen.

Die Zwei wird auch mit dem Unbewußten, dem Instinktiven und dem Kreativen in Verbindung gebracht. Häufig fördert die Zwei ein starkes Bedürfnis zu schreiben, zu tanzen, zu singen, zu komponieren, zu zeichnen und besonders zu schauspielern. Während das Potential der Zahl Eins meistens die Qualitäten der linken Gehirnhälfte wie zum Beispiel die Logik, den Verstand, rationales Denken und geradliniges Vorgehen aktiviert, regt das Potential der Zahl Zwei meistens die Qualitäten der rechten Gehirnhälfte an, vor allem Intuition, Phantasie, Kreativität, ganzheitliche Wahrnehmung und ganzheitliches Vorgehen.

Zweier-Persönlichkeiten schätzen und wünschen sich in den meisten Fällen vor allem Harmonie. Eine angenehme häusliche Umgebung, Sicherheit und Stabilität sind wesentliche Prioritäten der Zweier. Zweier arbeiten hart daran, Harmonie, Ordnung und Zusammenhalt sowohl für sich selbst als auch für andere herzustellen, und sie erweisen sich oft als sehr geschickt, einen Konflikt zu lösen. Sie sind häufig die natürlichen Heiler unserer Welt.

Aufgaben

Menschen, die von der Kraft der Zwei beeinflußt werden, sind oft sehr sensibel. Diese Sensibilität kann ihre größte Stärke oder aber ihre größte Schwäche sein. Deshalb ist es für diejenigen von uns, die von der Kraft der Zwei beeinflußt werden, die Hauptaufgabe, unsere emotionale Sensibilität zu kontrollieren. Wenn es ihm nicht gelingt, die Kraft der Zwei zu kontrollieren, kann ein Mensch ein ganzes Leben lang äußerst verletzlich sein.

Das Leben eines Zweiers kann von emotionaler Zerrissenheit geprägt sein. Labilität, Unberechenbarkeit und Impulsivität sind verbreitete Merkmale einer unausgeglichenen Kraft der Zwei. Wenn Sie das Potential der Zwei nicht vorsichtig kanalisieren und kontrollieren, kann sich das möglicherweise darin äußern, daß Sie ständig nach oberflächlichen emotionalen Abenteuern statt nach tiefen Beziehungen suchen.

Eine der größten Aufgaben für einen Zweier-Menschen liegt darin, etwas weniger an andere zu denken und sich mehr Zeit für sich selbst zu nehmen. Zweier neigen dazu, sich selbst zu vernachlässigen. Sie sind so sehr mit den Problemen anderer beschäftigt, daß sie schließlich ihr eigenes Leben zurückstellen. Die erste Regel der Fürsorglichkeit heißt, daß wir lernen müssen, für uns selbst zu sorgen. Das gilt besonders für die Zweier unter uns oder für die, deren numerologisches Diagramm von der Zahl Zwei entscheidend beeinflußt wird.

Das Potential der Zahl Zwei kann in Ihnen bisweilen das Bedürfnis und die Fähigkeit wecken, anderen Menschen zu helfen, aber leider entwickeln Sie nicht unbedingt die gleiche Fürsorglichkeit für sich selbst. Eine verzerrte Sicht der Dinge, unlogisches Denken, innere Gespaltenheit, Loyalitätskonflikte, Verletzlichkeit, unbedachtes, vorschnelles Handeln oder aber ewiges Zaudern sind verbreitete Symptome eines falschen Gebrauchs der Kraft der Zwei.

Ein Fehlen der Zahl Zwei in Ihrem numerologischen Diagramm

kann auch bedeuten, daß Sie sich einigen Aufgaben stellen müssen, wie zum Beispiel, Ihre weibliche Natur zu fördern, Ihre Gefühle zu akzeptieren, Ihr seelenvolles Selbst zu leben und mehr Einfühlung und Verständnis für andere zu entwickeln. Sehr oft bedeutet das Fehlen der Zweien die Unterdrückung von Gefühlen, ein Abwehren von romantischen Beziehungen und einen Mangel an menschlicher Wärme. Das Intuitive, Kreative, Weibliche und Unbewußte kann in einem solchen Fall völlig unentdeckt und ungenutzt bleiben.

Wenn ein Mensch die Kraft der Zwei nicht in den Griff bekommen kann, fehlt es ihm vielleicht an Bestimmtheit, Entschlossenheit und Kontrolle über sein Leben. Zweier sind manchmal allzu tolerant und allzu verständnisvoll. Infolgedessen gelingt es ihnen bisweilen nicht, ihren persönlichen Bereich zu schützen und zu verteidigen. Oftmals geben sie viel zuviel und sind dann verletzt, wenn sie nicht entsprechend viel zurückbekommen. Solche Menschen sind auch in Gefahr, abhängig zu bleiben und sich keine individuellen Lebensziele zu setzen.

Eine erfolgreiche Beziehung zu einem anderen Menschen hängt sehr stark von der erfolgreichen Beziehung zu sich selbst ab. Für Menschen, die von der Kraft der Zwei wesentlich beeinflußt sind, gilt dies ganz besonders. Wenn die Kraft der Zwei unkontrolliert und unausgeglichen bleibt, dann geraten Sie vielleicht in emotionale Verwirrung und große innere Unsicherheit. Sie fühlen sich möglicherweise kraftlos, wehrlos und äußerst verletzlich. Sie haben dann das Gefühl, ein Spielball Ihrer eigenen unberechenbaren Launen und Emotionen zu sein. Die Rettung für eine schlecht kontrollierte Zweierkraft ist häufig der Einfluß der Zahl Sieben.

DREI

Die Kraft und das Potential der Zahl Drei werden oft mit den Schwingungen der Farbe Gelb in Verbindung gebracht. Gelb wurde in vielen alten Kulturen mit dem Geist, dem Denken und den Ideen assoziiert. Bei der Heilung durch Farben sollen die Schwingungen der Farbe Gelb den Intellekt, die Logik und das rationelle Denken stimulieren. Und in der Geometrie des Altertums wurden die Kraft und das Potential der Drei mit dem Dreieck verbunden, das selbst ein Symbol für Feuer (gelb), für Intelligenz, Logik und Verstand ist.

In der heiligen Anatomie werden die Kraft und das Potential der Drei mit dem geistigen Körper und auch mit dem gelben Solarplexus-Chakra, manchmal auch *Stätte des Lernens* und *Sonnenzentrum* genannt, assoziiert. Die Zahl Drei steht auch in Verbindung mit dem grünen Herzchakra (eine Mischung aus Blau und Gelb), einem verbreiteten geometrischen Symbol, das aus zwei ineinandergeschobenen Dreiecken besteht.

Die Kraft und das Potential der Drei entsprechen in der Astrologie vornehmlich dem Planeten Merkur, der Sonne (Einser) und Mond (Zwei) verbindet und auch dem Sternzeichen Jungfrau (»Ich analysiere«). Die Drei wird auch mit dem Mittwoch verknüpft. Die Numerologie sagt, daß Gott, der Schöpfer, am Anfang der Weltschöpfung die Kräfte des Bewußtseins und des Geistes in Millionen und Abermillionen Manifestationen hineinlegen mußte, die aus der Zwei, die die Eins spaltet, entstanden sind. Um dies zu tun, beschwor Gott die intellektuelle, bewußte, vervielfachende Kraft der Drei.

Stärken

Die Kraft und das Potential der Zahl Drei fördern klares und präzises Denken. Sie unterstützen das Auswerten, Analysieren und Differenzieren, die Entscheidungsfindung und das logische

Schlußfolgern. Die Zahl Drei und ebenso die Farbe Gelb können die meisten Begabungen und Fähigkeiten, die wir mit dem Denken der linken Gehirnhälfte assoziieren, verbessern – beispielsweise Konzentration, Aufmerksamkeit, Folgern, Problemlösen, Gedächtnis und Erinnerung. Schnelles Auffassen und ein scharfer Verstand sind verbreitete Attribute der Zahl Drei.

Menschen, die sehr stark von der Kraft und dem Potential der Drei beeinflußt werden, werden sehr oft gute Wissenschaftler, Akademiker, Lehrer, Forscher oder Computerspezialisten, um nur einige Beispiele zu nennen. Sie haben vor allem in den Bereichen Erfolg, in denen es um eine konzentrierte Aufmerksamkeit für das Detail und einen schnellen, aktiven und aufgeweckten Geist geht. Die Herausforderung durch einen neuen Gedanken, das Entwickeln von Theorien, das Auffinden bestätigender oder widerlegender Argumente sowie der Vorstoß zu den Grenzen der Erkenntnis rufen bei Dreier-Menschen oft großes Interesse und ein erregendes Wohlgefühl hervor.

Die Kraft der Drei ist ein männliches Potential, das ähnliche Eigenschaften hat wie die Kraft der Eins. Dreier können aktiv, progressiv, optimistisch und kontaktfreudig sein. Die Drei ist eine Zahl, die oft für Glück, Schicksal und günstigen Zufall verantwortlich gemacht wird. In jedem Fall ist es so, daß Dreier an ihrem eigenen Glück arbeiten und es deshalb auch verdienen. Die Drei ist eine warme, dynamische, erfolgreiche Energie, die vor allem für intellektuelle Aktivitäten und intellektuellen Erfolg gebraucht wird.

Die Drei ist eine extravertierte, soziale Form der Energie. Menschen, die sehr stark vom Potential der Drei beeinflußt werden, sind oftmals für ihren regen Verstand bekannt. Meist sind es lebhafte, temperamentvolle Persönlichkeiten, die eine angenehme, stimulierende Gesellschaft bieten. Hinter der Zahl Drei steckt ein kreatives Potential, das in der Werbung, im Journalismus, in der Öffentlichkeitsarbeit und im Kommunikationsbereich genutzt werden kann. Während die Zweier sich für ihre kreativen Berufe in sehr starkem Maße auch emotional engagieren, sind Dreier emotional weniger stark engagiert; sie schätzen beispielsweise technische Genauigkeit und Sachlichkeit höher als Gefühlstiefe und ästhetische Gestaltung.

Beziehungen sind für diejenigen von uns, die in ihrem Leben von der Kraft und dem Potential der Drei massiv beeinflußt werden, im allgemeinen sehr wichtig. Während ein Einser häufig nach körperlicher Anziehung und sinnlichem Genuß strebt und ein Zweier in Beziehungen nach emotionalem Kontakt und Einfühlung sucht, wünscht sich ein Dreier meist eine Begegnung auf geistiger Ebene. Geistige Fähigkeiten und eine intellektuelle Einstellung zum Leben sind etwas, was ein Dreier ganz besonders zu schätzen weiß.

Genauso wie Gelbschattierungen zu Goldschattierungen werden können, können Intellekt und Logik zu Weisheit und Erkenntnis werden, vor allem, wenn das Potential der Drei in Einklang mit seiner Schattenzahl Sechs arbeitet. Eine alte Weisheit besagt, daß ein Mensch dann, wenn er einmal um das Dreieck reist, zu intellektueller Einsicht gelangt; wenn er zweimal um das Dreieck reist, dann gelangt er zu tiefer Weisheit und Erkenntnis. Mit anderen Worten: Wenn wir ein wenig tiefer als bis zur Ebene des Intellekts und des Verstandes graben, dann können wir auf einen größeren Schatz von Weisheit und Bewußtheit stoßen.

Aufgaben
Vielleicht ist es die Hauptaufgabe des Dreierpotentials, sich ins Bewußtsein zu rufen, daß man nicht auf diese Kraft allein vertrauen sollte, um zu Wissen, Gelehrsamkeit, Wachstum und Erfolg zu gelangen. Nur allzu häufig beschränken sich Menschen, die von der Kraft der Drei stark beeinflußt sind, auf ihre intellektuellen Fähigkeiten und schaffen es deshalb nicht, die Möglichkeiten ihrer stark vernachlässigten instinktiven und intuitiven

Dimensionen und Potentiale zu nutzen. Wenn wir uns nicht dagegen schützen, kann die Kraft der Drei diese weiblichen Potentiale überschatten.

Wenn Sie keine Dreien in Ihrem numerologischen Diagramm haben, dann stehen Ihnen aufgrund dieser Tatsache ebenfalls gewisse Aufgaben ins Haus. Zum Beispiel können die Eigenschaften der linken Gehirnhälfte, also das klare, präzise und abwägende Denken, vom Irrationalen, von Gefühlen, Intuition und Instinkt verdunkelt werden. Das Lernen für Schule und Beruf fällt dort, wo die Dreien fehlen, meistens nicht leicht. Auch die Fähigkeit, sich zu engagieren und zu konzentrieren, kann für einen Menschen, der keine Drei hat, ein wichtiges Lernziel sein.

Wenn die Kraft der Drei auf irgendeine Weise unausgeglichen oder einseitig ausgeprägt ist, wird Klugheit zu Krittelei, Einsicht wird zu Vorurteil, Optimismus wird von Zweifeln zersetzt, Begeisterung wird als Dummheit betrachtet, und Fröhlichkeit kämpft mit Bitterkeit und Zynismus. Wenn es Ihnen nicht gelingt, das Potential der Drei in Ihrem Leben zu kontrollieren, kann Ihre Wahrnehmung der Welt leicht getrübt werden, und zwar in einem solchen Maße, daß Sie sich immer stärker in die »risikolose« Welt des Zynikers, des Pessimisten und des ewig Distanzierten zurückziehen.

Die Kraft der Drei kann auch das Ego aktivieren. Menschen, die von der Kraft der Drei beeinflußt werden, bilden sich bisweilen auf ihre intellektuellen Fähigkeiten so viel ein, daß sie sie auf unangenehme Weise zur Schau stellen. Sie entspannen sich nie und sind immer zu Streit aufgelegt. Solche Klugheit wird indes leicht bröckelig und die Talente der Drei können leicht für geistlose Spiele, Kreuzworträtsel und andere nichtige Zerstreuungen vergeudet werden. Wie die Kraft und das Potential der Zahl Eins kann die Zahl Drei Erfolg fördern – aber, so müssen wir fragen, welche Art von Erfolg, und welche Bedeutung hat dieser Erfolg? Die Kraft der Drei sollte niemals ohne ihre Schattenzahl Sechs eingesetzt werden. Sie wird allerdings oft dazu verführt, genau das zu tun.

Da Personen, die stark unter dem Einfluß der Drei stehen, gewöhnlich eher Kopfmenschen sind, werden sie oft entsprechend ihrer momentanen Stimmung die praktischen Aufgaben des Lebens vergessen oder vernachlässigen. Sie vermeiden beispielsweise die Garten- oder Hausarbeit, vergessen einkaufen zu gehen und vernachlässigen ihre körperliche Gesundheit. Es gelingt ihnen nicht, sich zu entspannen, und sie schieben praktische Aufgaben ewig vor sich her. Sie sollten immer daran denken, daß *Ihr Intellekt nicht Ihre gesamte Person ausmacht.*

In Beziehungen fühlt sich die Kraft der Drei vor allem von den Qualitäten des Geistes angezogen. Da das Physische, Emotionale und Spirituelle nicht immer als genauso wichtig wie die Harmonie im intellektuellen Bereich angesehen werden, werden sie möglicherweise vernachlässigt – und dadurch kann die Beziehung erheblich leiden. Es gibt natürlich Ausnahmen von der Regel, dann nämlich, wenn Dreier auch das Gegensätzliche zu schätzen und zu genießen vermögen. Sie mögen es, wenn andere Menschen aufrichtig und bescheiden sind. Sie streben nach innerer Ausgeglichenheit und Harmonie, indem sie sich einen Freund suchen, der intuitiver, weiblicher und entspannter ist als sie.

Die wesentliche Aufgabe der Kraft der Drei ist, die Schule des Lebens nicht zu vernachlässigen! Dreier müssen oft lernen, loszulassen, zu spielen, zu genießen und einfach zu »sein«. Diejenigen von uns, die stark von der Zahl Drei beeinflußt werden, müssen den Mut aufbringen, von dem sicheren, risikolosen Thron ihrer geistigen Welt hinunterzusteigen und sich aufs Leben einzulassen.

Gefühle und Emotionen müssen anerkannt und ausgedrückt, sie dürfen nicht unterdrückt und verdrängt werden. Anstatt nur zu analysieren und zu theoretisieren, sollten Sie versuchen, bei allem, was Sie tun, was Sie durchleben und erfahren, ihr gesamtes

Selbst einzubringen. *Ein rein vom Verstand regiertes Leben leugnet die Fülle dessen, was das Leben zu bieten hat.* Ein solches Leben mag vielleicht sicher sein, aber es ist selten, wenn überhaupt, befriedigend.

VIER

Die Kraft und das Potential der Zahl Vier stehen in Zusammenhang mit den Schwingungen der Farbe Grün. Grün ist ein Symbol für Erde und Erdverbundenheit. Grün wird traditionell auch mit bestimmten Begriffen und Qualitäten in Verbindung gebracht, beispielsweise mit festen Grundlagen und Stärke, mit Liebe und dem Herzen, der Entschlossenheit und dem Willen.

In der heiligen Geometrie wird die Zahl Vier mit dem Quadrat, einem im Osten, im Orient und in Nordamerika verwendeten Symbol für Erde in Verbindung gebracht. In der deutschen – im Gegensatz zur englischen – Alltagsprache kommt das Quadrat seltener vor. Wir sagen aber beispielsweise: »Das war Pech im Quadrat«, wenn wir betonen wollen, wie unangenehm ein Vorfall war. Diese Formulierung gibt uns einen Hinweis auf die Kraft und das Potential der Zahl Vier.

Die Vier wird auch mit den vier Armen des Kreuzes assoziiert. Das Kreuz ist in den Kulturen des Altertums ebenfalls ein sehr verbreitetes Erdsymbol. Sowohl das Quadrat als auch das Kreuz wurden als Machtsymbole verehrt, welche Inspiration, Stärke, Entschlossenheit und Willen verleihen. Diese Eigenschaften werden immer wieder mit der Kraft der Vier in Verbindung gebracht. Die Kraft der Vier kann Berge versetzen.

In der Astrologie entsprechen die Kraft und das Potential der Vier insbesondere den Sternzeichen Löwe (»Ich will«) und Skorpion (»Ich wünsche/begehre«) sowie dem »roten« Planeten Mars. In der heiligen Anatomie ist die Zahl Vier mit dem subtilen Energiekörper, genannt *Kausalkörper,* verknüpft, der auch manchmal als der »Körper des Willens« oder als der »nährende Körper« bezeichnet wird. Er ist ein weiblicher Körper und wird besonders zur Nachtzeit aktiviert. Die Vier wird auch mit dem roten, fundamentalen Reproduktionschakra und mit den vier Kammern des physischen Herzens in Verbindung gebracht. Die Vier ist auch mit dem Donnerstag verknüpft.

Die numerologische Schöpfungsgeschichte sagt, Gott habe nach der Schaffung des Bewußtseins entschieden, daß jetzt ein Wille gebraucht würde, um das Bewußtsein zu aktivieren. Deshalb habe Gott die Kraft der Vier beschworen, die wegen ihrer aufbauenden Qualitäten und ihrer Erdungskraft verehrt wird. Erst mit der Ankunft der Vier hatten die Kräfte der Eins, Zwei und Drei eine Führungs- und eine Willensenergie, die sie anrufen konnten.

Stärken
Die Zahl Vier stärkt den Willen, die Entschlußkraft, die Strebsamkeit und die Disziplin. Sie ist ein Arbeitspotential, das die Beachtung des Details intensivieren und die Fähigkeit fördern kann, Aufgaben systematisch zu planen und durchzuführen. Die Vier hat auch sehr viel mit Routine zu tun. Vierer zeigen, wenn sie etwas erreichen wollen, oft große Beharrlichkeit, Zuversicht, Fleiß und Entschlossenheit. Von einem Vierer begleitet und unterstützt zu werden, kann sehr viel Stärke und Zuversicht verleihen.

Die Vier weist darauf hin, daß Sie ein unbegrenzt großes Potential haben. Diejenigen von uns, die sich wesentlich von der Kraft und dem Potential der Zahl Vier beeinflussen lassen, werden entdecken, daß sie die Tür zu ihrem Erfolg und ihrem Glück mittels der folgenden drei Schlüssel zu öffnen vermögen: der Arbeit, dem Willen und der Beharrlichkeit.

Da die Vier aufbauende Qualitäten hat, kann sie im sozialen und beruflichen Umfeld von großem Nutzen sein. Sie kann, besonders wenn sie von der Schattenzahl Fünf beeinflußt wird, einen Menschen zu einem natürlichen Helfer machen. Sie verleiht ihm Führungskraft und das Talent zu beraten und zu vermitteln. Vierer-Menschen können andere meist gut motivieren. Sie nutzen mit der Vier eine starke, weibliche Kraft, um zu nähren, zu inspirieren, zu erheitern und für sich selbst und für andere etwas zu erreichen.

Der Wunsch, sich für eine Gemeinschaft zu engagieren, ist ein verbreitetes Merkmal der Kraft der Vier, besonders in Zusammenarbeit mit der Schattenkraft der Fünf. Menschen, die stark von diesen Kräften beeinflußt werden, unterstützen sehr oft Umwelt- und Tierschutzgruppen. Mit großer Hingabe und Leidenschaft kämpfen sie für die Rechte, die Freiheit und das Wohl anderer.

Sie sind in den meisten Fällen direkt, offen, verläßlich und vertrauenswürdig. Vierer wünschen sich ehrliche, aufrichtige und engagierte Beziehungen. Sie haben einen sehr ausgeprägten Sinn für Romantik, für eine gleichsam praktische Romantik allerdings, wenn man so sagen kann. Ein Vierer würde beispielsweise seiner Liebsten wahrscheinlich lieber eine Topfpflanze als eine Rose kaufen, weil eine Topfpflanze viel länger hält! Ehrlichkeit, Engagement für bestimmte soziale Anliegen und der emotionale Einsatz für eine Beziehung sind ebenfalls verbreitete Vorzüge eines Vierers.

Aufgaben

Fast alle Aufgaben der Zahl Vier haben mit übersteigerter, fehlgeleiteter oder unkontrollierter Willenskraft zu tun. Menschen, die sehr stark von der Kraft der Vier beeinflußt werden, entwikkeln sich bisweilen zu Workaholics. Sie fühlen sich so sehr von dem Bedürfnis getrieben, zu arbeiten und etwas zu leisten, daß es ihnen manchmal nicht gelingt, loszulassen und sich zu entspannen. Soziale Beziehungen, Freizeit und Romantik können infolgedessen zu kurz kommen. Sie können leicht in den Ruf kommen, düster und langweilig zu sein und eine Menge »Ecken und Kanten« zu haben. Der Grund dafür ist klar: sie leben, um zu arbeiten, anstatt zu arbeiten, um zu leben.

Die positiven Voraussetzungen für eine gute Leistung, nämlich Willenskraft und Beharrlichkeit, wie sie so oft bei den Vierern in ausgeprägter Form zu finden sind, können, wenn die Kraft der Vier nicht sorgfältig ausgewogen und kontrolliert wird, sehr schnell ins Negative umschlagen, nämlich in Sturheit und Dogmatismus. Dies ist vor allem dann der Fall, wenn die ausgleichenden Qualitäten und das Potential der Fünf nicht genutzt werden.

Vielleicht ist einer der besorgniserregendsten Aspekte einer fehlgeleiteten, unkontrollierten oder übersteigerten Kraft der Vier eine Tendenz, Gewalt und Zwang anzuwenden, statt auf Kompromisse hinzuarbeiten. Wenn die Kraft und die Stärke der Vier mißbraucht werden, kommt es häufig zu Frustrationen, Verhärtungen und Krankheit. Eine Tendenz zu Streitsucht, zu Provokation und scharfer Kritik, zu Tyrannei und Nörgelei sind ebenfalls Charakteristika eines falschen Gebrauchs der Kraft der Vier.

Eine unteraktivierte Vier wird sich häufig in physischer, emotionaler und/oder geistiger Schwäche, Nachlässigkeit, Disziplinlosigkeit, Desinteresse, Unzuverlässigkeit und mangelnder Konzentrationsfähigkeit auswirken. Ein Verlust der Kontrolle über die Viererkraft, sei dies nun durch Überaktivität oder Mangel an Aktivität, kann oft Müdigkeit und exzessive Erschöpfung verursachen. Aus diesem Grund pflegten die Menschen der alten Kulturen um neue Stärke und Kraft zu bitten, indem sie vor einem Kreuz oder einem Quadrat beteten oder meditierten.

Keine Vier in seinem numerologischen Diagramm zu haben, kann eine Reihe interessanter Herausforderungen schaffen. Ohne eine Vier ist Willenskraft möglicherweise nur in verkümmerter Form vorhanden. Engagement, Führungskraft und Entschlossenheit hängen in hohem Maße von der Kraft der Vier ab, obwohl sie auch im Potential anderer Zahlen gefunden werden können. Die Fähigkeit auszubilden, für die eigenen Ziele gut und engagiert zu arbeiten, wird dort, wo ein ungenutztes oder gar kein Viererpotential vorhanden ist, in jedem Fall eine Lebensaufgabe und eine besondere Herausforderung sein.

Die Hauptaufgabe, mit der ein Vierer konfrontiert ist, besteht darin, seine außergewöhnlichen Willenskräfte auf die beste Weise zu nutzen, nicht nur für sich selbst, sondern zum Wohl der Familie, der Freunde, der Gemeinde und der Welt. Dies setzt wiederum ein sorgfältiges Einstimmen auf das Potential und die Kraft der Schattenzahl Fünf voraus. Paradoxerweise *kann Selbstlosigkeit den individuellen Willen stärken; anhaltende Selbstsucht kann ihn schwächen.*

FÜNF

Die chinesischen Taoisten, die nordamerikanischen Indianer und die tibetischen Yogis verehrten die Zahl Fünf als eine Naturgewalt. Sie betrachteten sie als einen Ausdruck der *vitalen, universellen Lebenskraft,* die in der ganzen Schöpfung die Verbindungen und Fäden zieht und diese Schöpfung erhält. All diesen Kulturen dienten Zeichen in ihren unmittelbaren Umwelt als Beweise für die Kraft der Fünf. Sie manifestierte sich beispielsweise in den fünf Elementen (Erde, Wasser, Feuer, Luft, Äther), in den fünf Fingern und fünf Zehen des menschlichen Körpers, in den fünf wichtigsten inneren Organen des Körpers und in den fünf Blütenblättern der Rose sowie in vielen anderen ähnlichen Phänomenen. Mit der Fünf assoziierte man deshalb neben der Lebenskraft auch Fruchtbarkeit.

Die Kraft der Fünf wurde von den erwähnten Kulturen als ein »Tor zum Kollektiven« und als das »Himmelstor« verehrt. Die Fünf wird auch heute als eine kollektive Kraft angesehen, die die

Entwicklung aller Welten antreibt, stützt und fördert. Die Kraft der Vier wird zwar für ein ähnliches Potential wie die der Fünf gehalten, ist aber auf die individuelle Ebene beschränkt. Die Kraft der Fünf erfüllt zwar vergleichbare Aufgaben, wirkt aber vornehmlich im Bereich des Kollektiven. Deshalb wird sie als eine der Vier überlegene Kraft betrachtet.

In vielerlei Hinsicht bilden die Zahlen Vier und Fünf für die Numerologie den Angelpunkt des Lebens und der Schöpfung. Die Zahlen Eins bis Vier versinnbildlichen beispielsweise die Reise vom Geist in die Materie; die Zahlen Fünf bis Neun repräsentieren die Rückreise von der Materie in den Geist. Ferner repräsentieren die Zahlen Eins bis Vier die Geburt des individuellen Bewußtseins und des persönlichen Willens sowie das physische Überleben und den materiellen Erfolg; die Zahlen Fünf bis Neun stehen dagegen für die Entwicklung eines kollektiven Bewußtseins und eines Gruppenwillens, für das menschliche Überleben und den spirituellen Erfolg.

Die Unterschiede zwischen der Zahl Vier und der Zahl Fünf kommen in der Kunst der heiligen Anatomie besonders deutlich zum Ausdruck. Dort wird die Zahl Vier mit dem *physischen Herzen* in Verbindung gebracht und die Zahl Fünf mit dem Thymusbereich, der oft als das *spirituelle* oder *kollektive Herz* bezeichnet wird. Das physische Herz ist das Tor zum individuellen Leben; das spirituelle Herz ist das Tor zum Leben der Menschheit.

In der heiligen Geometrie wird die Zahl Fünf mit dem Pentagramm in Verbindung gebracht, dessen fünf Strahlen auf alles Leben hinzielen und alles Leben bestrahlen. Der fünfstrahlige Stern soll auch die menschliche Gestalt und deshalb den natürlichen Menschen symbolisieren. In der Astrologie wird die Zahl Fünf besonders mit dem Sternzeichen Waage (»Ich gleiche aus«) und dem Planeten Saturn verknüpft. Die Fünf wird auch dem Freitag zugeordnet.

In ihrer Version der Schöpfungsgeschichte beschreibt die Numerologie eine Folge von Ereignissen: Gott, der Schöpfer, entschied, nachdem er die Kraft des individuellen, menschlichen Willens durch das Potential der Vier beschworen hatte, daß die Menschheit nun eine Verbindung zu dem größeren kollektiven, universellen und allwissenden Willen der Schöpfung haben müsse. Diese Verbindung wurde durch die Kraft und das Potential der Zahl Fünf hergestellt.

Stärken
Die Kraft und das Potential der Zahl Fünf können eine erstaunliche Flexibilität und Lernfähigkeit fördern, und zwar in einem solchen Maße, daß Menschen, die sich stark von der Zahl Fünf beeinflussen lassen, in fast allem geschickt sind. Fünfer sind oft schnelle, unkonventionelle und progressive Denker. Da sie sich leicht anpassen, lieben und suchen sie aktiv die Abwechslung. Für sie muß nichts so sein, wie es ist, und nichts sollte lange so bleiben, wie es bisher war. Fünfer haben das beglückende Gefühl, daß die Welt ihnen zu Füßen liegt. Ein Fünfer wird von anderen Menschen meist für ein Glückskind und ein »Naturtalent« gehalten.

Die Zahl Fünf weckt tendenziell den Wunsch nach Reisen, nach Abenteuern und neuen Erfahrungen.

Sie ermutigt Sie, nach alternativen Gesichtspunkten, nach neuen Perspektiven und Horizonten Ausschau zu halten. Wer sich von der Kraft und dem Potential der Fünf beeinflussen läßt, fühlt sich häufig als *Weltbürger.*

Das persönliche kreative Potential der Zahl Fünf kann sehr rein sein. Fünfern gelingt es meist, Ihre kreativen Fähigkeiten auch umzusetzen. Mögen ihre künstlerischen Leistungen auch manchmal schockieren, so gelingt es den Fünfern meist doch, uns zum Nachdenken zu bringen und uns die Augen für neue Sichtweisen zu öffnen. Die Kraft der Fünf fördert neben der Kreativität auch das Bedürfnis zu kommunizieren. Journalisten, Korrespondenten, Schriftsteller, Künstler, Musiker, Werbefachleute und Lehrer sind häufig von der Kraft der Fünf beeinflußt.

Wo sie sich zeigt, wird die Kraft der Fünf von den Mitmenschen oft als Charisma und Anziehungskraft erlebt. Fünfer sind meist außerordentlich imposante Persönlichkeiten. Sie können großmütig, großzügig, freundlich und liebevoll sein, und sie werden von ihren Mitmenschen meist sehr geschätzt. Wer sich von der kollektiven Kraft der Fünf beeinflussen läßt, verfolgt in vielen Fällen eine berufliche Laufbahn, bei der er im Licht der Öffentlichkeit steht. Das Potential der Fünf kann schließlich auch helfen, die Dinge ein wenig zu relativieren. Dies ist besonders wichtig in Zeiten von Streß, Sorgen und Ängsten, denen wir mitunter ausgesetzt sind.

Interessanterweise beschreiben und empfinden Fünfer sich selbst oft als einen *Kanal* – einen Kanal für Kreativität, Kommunikation und Heilung vielleicht.

Aufgaben

Die Aufgaben der Fünf konzentrieren sich auf die moralische und ethische Nutzung ihrer beträchtlichen Talente. Ein flatterhafter, unkontrollierter Gebrauch der Kraft der Fünf kann einen Menschen ebenso schnell auslaugen und zu Boden zwingen, wie ein gut kontrollierter Gebrauch ihn aufbauen kann. Fünfern fällt es ihrer Natur nach leicht, bei ihren Mitmenschen Vertrauen zu erwecken. Sie müssen sich jedoch davor hüten, dieses Vertrauen zu mißbrauchen; manchmal neigen sie zu Falschheit, zu Unehrlichkeit und Verlogenheit. Dann mißbrauchen sie ihre Schlagfertigkeit und ihre Redekünste, um andere in die Irre zu führen – und geraten leicht in den Ruf eines Schwindlers.

Die Freude an der Abwechslung kann, wenn die Kraft der Fünf nicht richtig geerdet ist, zu einer *Sucht* werden.

Dann wechseln Fünfer ständig ihren Wohnsitz, ihre Arbeit oder ihre Beziehungen. Oftmals fehlt die Fähigkeit, ein bestimmtes Ziel konsequent zu verfolgen: Fünfer sind leicht abzulenken und leicht verführbar. Sie haben eine sehr niedrige Toleranzschwelle gegenüber allem, was langweilig werden könnte. Das erklärt, warum die Fünf, obwohl sie in der numerologischen Rangfolge höher als die Vier liegen mag, in jedem Fall auch die Eigenschaften der Vier, wie zum Beispiel Erdung, Engagement und Loyalität, benötigt, damit ihre Stärken voll zur Geltung kommen können.

Mißbrauch und unkontrollierter Einsatz des Potentials der Fünf können dazu führen, daß wir uns nicht entsprechend auf unsere Fähigkeiten und Begabungen konzentrieren und sie deshalb vergeuden. Dann probieren wir alles aus, bekommen aber nichts wirklich in den Griff. Wer so von der Kraft der Fünf beeinflußt wird, wird sich deshalb bewußt oder unbewußt äußerst frustriert fühlen, weil er intuitiv weiß, daß er eigentlich eine Menge leisten könnte. Wieder einmal benötigt die Kraft der Fünf die Kraft der Vier, nämlich Beharrlichkeit, Disziplin und anhaltendes Bemühen.

Die Kraft der Fünf befähigt Sie, sich selbst sehr intensiv zu erforschen. Sie werden dabei möglicherweise ein Potential entdecken, von dem Sie sich zuvor nicht einmal vorzustellen vermochten, daß Sie es besitzen. Die Aufgabe der Fünf liegt unter anderem darin, sich nicht zu lange mit Oberflächlichkeiten zu begnügen. Popularität, Charisma, Ruhm und Glück können Sie daran hindern, noch Größeres zu erreichen. Wenn Sie mit dem, was sie bis jetzt erreicht haben, nicht glücklich sind, dann sind Sie offenbar nicht auf dem richtigen Weg. Vielleicht mögen sie Ihr Image um der Substanz willen, den äußeren Glanz um höhere Werte willen opfern. Mit Ehrgeiz, Talenten und Erfolg muß man sorgfältig umgehen.

Wenn in Ihrem numerologischen Diagramm keine Fünfen sind, oder wenn ein ungenutztes Potential von Fünfen vorhanden ist, so kann das bedeuten, daß Ihr Leben nicht so erfüllt ist, wie es sein könnte. Die Fünf ist ein Schlüssel, der die Türen zu dem in Ihnen verborgenen Potential öffnet. Wenn Ihnen ein manifestes Fünferpotential fehlt, müssen Sie vielleicht auf die Potentiale der anderen Zahlen achten, um ein Gefühl für kollektive Zugehörigkeit, Brüderlichkeit, kosmische Inspiration, Weisheit und spirituelle Liebe zu entwickeln und zur Haltung des bedingungslosen Dienens zu gelangen. Wenn die Fünf nicht aktiv ist, muß ein Mensch sich bewußt die Aufgabe stellen, nicht nur für sich selbst zu leben, sondern einen Beitrag zum Wohle der gesamten Menschheit zu leisten. *Fünf steht für die Familie – die Familie der Menschheit.*

SECHS

Man gelangt zur Kraft der Sechs, indem man die Kraft der Drei verdoppelt. Die Kräfte der Sechs und der Drei haben ähnliche Potentiale; bei beiden geht es um Wissen, Verstand und Intellekt. Es ist einer der grundlegenden Lehrsätze der Numerologie, daß eine durch Verdoppelung einer Zahl gebildete neue Zahl eine vollständige Transformation der alten Zahl ist. Sie gewinnt gleichsam das Doppelte an Kraft – und noch viel, viel mehr – hinzu. So steht das Potential der Sechs nicht nur für Wissen, Verstand und Intellekt, sondern auch für selten erreichte Dimensionen der Einsicht und der Weisheit.

In der Astrologie wird die Sechs bisweilen mit dem Planeten Merkur und mit den Sternzeichen Zwillinge (»Ich denke«), Schütze (»Ich sehe«) und Wassermann (»Ich weiß«) verbunden. In der heiligen Geometrie wird die Zahl Sechs mit zwei ineinander geschobenen Dreiecken assoziiert: ein nach oben weisendes Dreieck überlappt ein nach unten weisendes Dreieck. Dieses Symbol hat mit dem Herzen und der Weisheit zu tun. Besonders im alten Asien wurde es als ein Sinnbild für Kontemplation, Meditation und das Erlangen höherer Bewußtseinsebenen verwendet.

In der heiligen Anatomie wird die Zahl Sechs mit dem Solarplexus-Chakra oder der *Stätte der Gelehrsamkeit,* mit dem Augenbrauenchakra oder dem *Sitz der Weisheit* und mit dem Kehlkopfchakra, dessen höchste Funktion die *Vermittlung von Weisheit* ist, in Verbindung gebracht. In der Alchimie wird die Zahl Sechs mit der Farbe Violett assoziiert, die ein Symbol für das Stirnchakra ist. Die Sechs wurde auch mit der Farbe Gold in Zusammenhang gebracht, die die Alchimisten für die Farbe der schönsten Früchte, die Farbe der Weisheit und der Erkenntnis hielten.

In der Schöpfungsgeschichte der Numerologie heißt es, daß Gott allen Sonnensystemen, Galaxien und Universen seine göttliche Weisheit verlieh. Um diesen Akt vollziehen zu können, beschwor Gott die Kraft der Sechs. Während die Kraft der Drei vom Allmächtigen beschworen wurde, um uns zu helfen, das »Wie« der Dinge zu erkennen, zog er die Kraft der Sechs heran, um uns zu helfen, zum »Warum« der Dinge vorzustoßen. Die Zahl Sechs ist in der Tat ein Symbol für ein reines und tiefes Potential.

Stärken

Die Zahl Sechs ist für Philosophie, Verständnis und Ideale eine inspirierende Kraft. Insbesondere fördert sie die Suche nach dem Zauber der Weisheit und allem, was Weisheit in sich birgt. Menschen, die von der Kraft der Sechs beeinflußt werden, sind oft von einem tiefen Gefühl der Dankbarkeit beseelt. Sie wissen das Leben zu genießen und freuen sich an den Künsten, der Schönheit, dem Frieden und an Idealen. Ihre Lust auf das Leben ist unersättlich.

Ratgeber, Wächter, Schiedsrichter, Vermittler, Mentoren und Berater werden oft von der Kraft der Sechs inspiriert. Sechser sind oft außerordentlich geschickt darin, zwischen den Zeilen zu lesen, und haben einen feinen und gut entwickelten *sechsten Sinn.* Im Gegensatz zu den Dreiern haben Sechser keine Angst vor Intuition, Instinkt, Phantasie und Kreativität. Im Gegenteil, sie wissen diese Kräfte sehr zu schätzen. Wirkliche Weisheit enthält immer beides, sowohl das Männliche als auch das Weibliche, sowohl die Logik als auch die Phantasie.

Die Kraft der Sechs hat kreatives Potential. Sehr oft lassen sich Menschen, die kreativ arbeiten, sei es nun, daß sie Kleider oder Gebäude entwerfen oder Bücher schreiben, von der Kraft der Sechs beeinflussen. Sechser können auch Regisseure, Herausgeber oder Produzenten sein, die kreative Projekte anregen und durchführen. Sechser fühlen sich häufig durch eine verantwortliche Position im Management angesprochen und herausgefordert. Oft interessieren sie sich auch intensiv für theologische Fragen, Psychologie und alle erdenklichen Ideale.

Methodisches Vorgehen ist für Sechser fundamental. Sowohl ethisch-moralische Prinzipien als auch Sinn für Ästhetik sind Ihnen wesentlich. Nirgendwo wird dies deutlicher als in Beziehungen. Voraussetzung für längere Beziehungen ist eine wirkliche geistige Begegnung. Geistige, philosophische und spirituelle Freundschaft wird von Sechsern meist höher bewertet als physische Vereinigung und Intimität. Beziehungen sind häufig sehr intensiv, fördern die Kreativität und die persönliche Freiheit und müssen sowohl sinnvoll als auch zweckgerichtet sein.

Sinn ist für Sechser wesentlich. Alles muß einen Sinn haben, sei es eine Beziehung, eine Karriere, ein Urlaub oder sogar ein arbeitsfreier Tag. Sechser sind überzeugt, daß alle Dinge eine Bedeutung haben. Ihr liebstes Hobby und ihre liebste Beschäftigung ist es, diese Bedeutung herauszufinden. Sinn und Zweck der Dinge nähren und stärken die Seele. Für einen Sechser ist die Ernährung der Seele allemal wichtiger als die Ernährung des Magens.

Die Kraft und das Potential der Sechs kann den Mittler in Ihnen zum Leben erwecken. Worüber und mit wem Sie kommunizieren, ist Ihnen dabei natürlich nicht gleichgültig. Im großen und ganzen sind Sechser in ihrer Lebenshaltung sehr besonnen. Zur rechten Zeit und am rechten Ort und aus triftigen Gründen das Richtige zu wählen, gehört für die Sechs zu den entscheidenden Lebensaufgaben.

Aufgaben
Die Kraft der Sechs kann, wenn sie nicht sorgfältig ausgeglichen und kontrolliert wird, eine der gefährlichsten Einstellungen überhaupt fördern: den blinden Idealismus. Blinder Idealismus kann das Leben mit Sechsern zuweilen unerträglich schwierig machen. Er fordert zu großen Höhenflügen heraus, aber er kann auch bittere Enttäuschungen bereiten. Durch Idealismus werden Sie für blinde Liebe, Besessenheit, eine besitzergreifende Einstellung und Eifersucht anfällig. Umgekehrt können Menschen, die von der Sechs beeinflußt werden, häufig distanziert, kühl und unnahbar erscheinen. Ihre Partner leiden oft unter dem unausgesprochenen Druck der sehr hohen Maßstäbe, die von den Sechsern gesetzt werden.

Der Hang zu ästhetischer oder gedanklicher Perfektion kann sich bei Menschen, deren Sechserpotential unausgeglichen ist, bis zur Besessenheit und Neurose steigern. Wenn wir von einem erbarmungslosen und bisweilen sinnlosen Streben nach Perfektion beherrscht werden, können wir streitsüchtig, unausstehlich, kritiksüchtig, wehleidig und engstirnig werden. Angstzustände, Gefühlsschwankungen und emotionale Sprunghaftigkeit sind verbreitete Symptome dieses Ungleichgewichts.

Keine Sechsen oder ein schlecht manifestiertes Sechserpotential in seinem Numerologiediagramm zu haben, kann eine Reihe von interessanten Ungleichgewichten und Herausforderungen schaffen. Ohne das Sechserpotential werden Sie es sehr schwierig finden, zu den höheren, geistigen Regionen aufzusteigen. Eine echte Wertschätzung von Weisheit, Schönheit, Romantik und Idealen wird in einem solchen Fall vielleicht niemals erreicht oder überhaupt erstrebt. Erst mit Hilfe der Sechs wird bloße Schlauheit zu Weisheit, verwandelt sich rationales Verständnis in tiefe Erkenntnis und kühler Respekt zu enthusiastischer Bewunderung. Wenn die Sechs fehlt, dann wird das Leben gelebt, ohne daß die Lektionen des Lebens gelernt werden.

Sich selbst nicht erden zu können ist eine verbreitete Klage, die durch eine schlecht ausgeglichene und schlecht kontrollierte Zahl Sechs begründet ist. Häufig vernachlässigt ein Sechser beim Streben nach Freiheit das Physische, das Emotionale und das Praktische. Sechser sind auch in Gefahr, nach Weisheit ohne die dazugehörige Vernunft, nach Philosophie ohne die dazugehörige Logik, nach Intuition ohne den dazugehörigen Intellekt zu streben. Dies führt zu einer einseitigen Entwicklung, bei der die Qualität des Erstrebten oder Erreichten in Frage gestellt werden muß.

Eine weitere, häufig sich stellende Aufgabe für jene von uns, die von der Kraft der Sechs beeinflußt werden, liegt darin, sich nicht zu überfordern. Wir können, wenn wir nicht aufpassen, durch Streß, Erschöpfung, Sorgen und Spannung sehr stark beeinträchtigt werden und fühlen uns dann hilflos und desorientiert. Der Grund dafür liegt teilweise darin, daß wir mit einer reinen, kollektiven Kraft arbeiten, die uns so viel Stärke gibt, daß wir uns wie ein kleines Auto fühlen, das mit einem riesigen Motor läuft. Wenn wir nicht vorsichtig sind, zieht uns der kraftvolle Motor in eine Richtung, die wir gar nicht mehr selbst bestimmen.

Wer stark von der Kraft der Sechs beeinflußt wird, darf nicht die Menschen vernachlässigen, die ihm nahe stehen. Die Sechser sind nur allzu oft so sehr in ihre Betrachtungen und Meditationen versunken, daß sie ihren Gedanken und Idealen mehr Zeit widmen als den Menschen, die sie lieben und von denen sie geliebt werden. Das menschliche Leben darf nicht durch verschwommene Ideale geschwächt werden – ihm selbst gebührt die oberste Priorität.

SIEBEN

Die Kraft und das Potential der Zahl Sieben werden oft mit den Schwingungen der Farbe Blau verbunden. Blau ist eine kühle, ruhige, reflektierende Farbe; sie ist überall vorhanden und leuchtet in vielen Tönen und Schattierungen, von einem tiefen, dunklen Meeresblau bis zu einem klaren, lichten Himmelsblau. Wie die Farbe Blau wird auch die Zahl Sieben als eine Kraft der Ruhe, der Meditation und Besinnung bezeichnet. Tiefsinn und visionäre Gaben werden ebenfalls mit dem Potential assoziiert.

Die philosophischen Schulen der Phythagoräer und der Rosenkreuzer interpretierten das Potential der Sieben als *spirituelle Liebe* oder als *bedingungslose Liebe.* Über Jahrhunderte hinweg haben wir Menschen zu verstehen versucht, was das Wort *Liebe* wirklich bedeutet. Die Pythagoräer glaubten, daß die Antwort auf diese uralte Frage uns bei der Mediation über die Zahl Sieben kommen könnte. Die Sieben wird auch manchmal mit den Farben Pink und Rosé in Verbindung gebracht; beide werden als der *Atem Gottes* und als Symbole für *universelle Liebe* bezeichnet.

Die Numerologiesysteme Asiens und des Orients haben der Zahl Sieben gelegentlich eine andere Bedeutung gegeben. Die Numerologen des Altertums betrachteten die Kraft der Sieben als ein kollektives, allumfassendes Potential. Sie brachten dieses Potential mit Brüderlichkeit, Gemeinschaft, Einheit und auch mit *kosmischem Bewußtsein* in Verbindung. Damit ist eine poetische, mystische Fähigkeit gemeint, sich auf alles Leben einzustimmen und mit ihm eins zu sein. Interessanterweise wurde in einigen alchimistischen Schulen die Kraft der Sieben entsprechend als die *Kraft der Verschmelzung* bezeichnet.

In der heiligen Geometrie wird die Sieben manchmal mit einem Dreieck innerhalb eines Quadrats symbolisiert. Eine Interpretation dieses Symbols besagt, daß es die Harmonie zwischen Geist (Dreieck) und Materie (Quadrat) ausdrücke. Eine andere Interpretation besagt, daß dies die Manifestation des Himmels (Dreieck) auf Erden (Quadrat) bedeute. Die Kraft der Sieben hat also in der Geometrie eine eindeutig spirituelle Qualität.

In der Astrologie hat die Kraft der Sieben viele Beziehungen zu Planeten und Zeichen. Insbesondere wird sie mit den Sternzeichen Wassermann (»Ich weiß«) und Schütze (»Ich sehe«) verknüpft, ferner mit dem Planeten des Gesetzes und der Gerechtigkeit, dem Saturn.

In der heiligen Anatomie wird die Zahl Sieben mit dem Kehlkopfchakra, das auch als der *Vermittler von Weisheit* und ebenso als der *Vermittler von Liebe* bezeichnet wird, verbunden.

In der numerologischen Schöpfungsgeschichte heißt es, daß Gott, nachdem er insbesondere die Kräfte der Zwei (Gefühl), Fünf (Kollektives Bewußtsein) und Sechs (Weisheit) beschworen hatte, es nun für notwendig hielt, eine universelle Energie des Verbundenseins, der Einheit und der Erhaltung zu aktivieren. Um das zu tun, beschwor Gott die Kraft der Liebe, indem er die Kraft der Sieben ausstrahlte.

Stärken

Denker, Philosophen, Psychologen und Mystiker werden von der Kraft der Sieben inspiriert. Oftmals wird auch der Forscher von ihr motiviert. Die Sieben ist eine Schwingung der Besinnung, Meditation und des gründlichen Denkens. Sie ist auch eine Schwingung der Mitteilsamkeit, besonders des Austauschs von Betrachtungen, Wahrheiten und Weisheit sowie der Kommunikation über Themen von allgemeinem Interesse.

Die Zahl Sieben ermutigt so zum Dienst am Mitmenschen und kann auch den Lehrer im Innern erwecken. Menschen, die sich von der Kraft der Sieben beeinflussen lassen, streben oft danach, die Welt zum Besseren zu verändern. Deshalb findet man in sozial tätigen Vereinigungen, in der Friedensbewegung, bei Umweltkampagnen und in religiösen Organisationen meist viele Siebener.

Die Kraft der Sieben aktiviert den Bereich des Spirituellen. Spirituelle Wirklichkeit und Wahrheit sind für die Siebener unter uns sehr wichtig. Mönche, Nonnen, Priester, Theologen und Mystiker werden häufig vom Siebenerpotential motiviert. Die Kraft der Sieben ist jedoch keinesfalls allein für diese Gruppen relevant. Sehr oft ist sie genauso in einem Bürogebäude, einem Heim oder auf dem Fußballplatz wirksam.

Erfinder, Unternehmer, Verkäufer, Marketingberater, Werbefachleute und Vertreter der unterschiedlichsten Art, die genauso sehr von der Idee des Dienens wie vom Geldverdienen motiviert werden, werden oft von den Siebenerschwingungen beeinflußt. Für Siebener sind die Lebensqualität und die Qualität des Dienens außerordentlich wichtig; häufig wird dabei spirituelle Belohnung und spirituelle Befriedigung letztlich höher eingeschätzt als materieller Gewinn.

Die Kraft der Sieben kann allerdings auch stark individualistische Charaktere hervorbringen, die oft introvertiert und verschroben sind. Die Siebener sind Einzelgänger, die sich lange Zeit nur mit sich selbst wohl fühlen können. Ein gelegentlicher oder häufiger Rückzug, fort von der Hast des modernen Lebens, ist ihnen sehr wichtig. Persönliche Freiheit und Unabhängigkeit sind für alle, die von der Kraft der Sieben intensiv beeinflußt werden, ebenfalls entscheidende Elemente ihres Lebens.

Die Siebenerschwingung weckt häufig ein starkes moralisches Empfinden, einen strengen Verhaltenskodex, persönliche Würde und Ritterlichkeit. Der Geist der Romantik gehört ebenfalls zum Siebenerpotential – aber im hohem Sinne einer großartigen und abenteuerlichen Romantik, nicht einer schmalzigen, rührseligen und gefühlsduseligen. Bedingungslose Liebe, Respekt vor der

Privatsphäre der anderen, Freiheitsliebe, Loyalität, Treue und Integrität sind Charakterzüge, die durch die Zahl Sieben aktiviert werden können.

Aufgaben

Wer vom Siebenerpotential beeinflußt wird, betrachtet, wenn er sich nicht energisch zum Realismus zwingt, die Welt durch eine rosarote Brille. Die Wirklichkeit, die wir sehen, ist nicht immer so, wie wir sie uns vielleicht wünschen. Es gibt deshalb eine Tendenz, sich zurückzuziehen und in eine Welt der Träume, Wünsche und Illusionen auszuweichen. Wirklichkeitsflucht, Zaudern, Verdrängung, Verleugnung und eine allgemeine Unfähigkeit, mit den Anforderungen des Alltags fertigzuwerden, sind weit verbreitet.

Anstatt auf wohlbegründete Weise ein Einzelgänger zu sein, können Siebener leicht einen falschen und gefährlichen Weg zum Einzelgänger einschlagen, wenn es nämlich zu schwierig erscheint, sich seinen Gefühlen zu stellen oder ganz einfach mit dem täglichen Leben zu Rande zu kommen. Dann tragen wir am Ende möglicherweise einen Panzer, der uns zwar vor Emotionen schützt, aber auch bewirkt, daß wir uns von Menschen und Gefühlen distanzieren. Unabhängigkeit und Freiheit können, wenn wir nicht achtgeben, bald in Isolation und Einsamkeit umschlagen.

Wenn es ihm nicht gelingt, auch die spirituelle Seite des Lebens zu erfassen, dann kann es leicht geschehen, daß sich ein Siebener schließlich leer und unbefriedigt fühlt. Umgekehrt kann das unkontrollierte Streben nach spiritueller Befriedigung auch zu Suchtverhalten führen – beispielsweise zu übermäßigem Trinken, Drogenkonsum oder Promiskuität.

Die Sieben ist der Schlüssel zu mystischer, spiritueller und bedingungsloser Liebe. Wenn man also keine Sieben oder ein schlecht manifestiertes Siebenerpotential hat, dann ist es eine wichtige

Aufgabe, bei dem Potential anderer Zahlen zu suchen, um die Erfahrungen und Lehren universeller, kreativer Liebe zu nähren und zu erhalten. Ohne die Sieben kann es sehr schwierig sein, die Suche nach Frieden, Liebe und dem Dienst an anderen überhaupt in Betracht zu ziehen. Ohne das Siebenerpotential können bloße Körperempfindungen plötzlich eine größere Bedeutung erlangen als reine, philosophische Liebe.

Die Kraft der Sieben zu aktivieren und mit ihr zu arbeiten ist eine lebenslange Aufgabe. In vielen Fällen geht unsere Entscheidung dahin, für dieses Mal der Herausforderung auszuweichen und auf die Schattenkraft der Zwei zurückzugreifen. Es erscheint insgesamt einfacher, mit der Zahl Zwei zu arbeiten; die Sieben fordert uns bisweilen allzu viel ab. Wenn es uns jedoch nicht gelingt, die Kräfte der Zwei und der Sieben ins Gleichgewicht zu bringen, dann geraten wir leicht in emotionale Aufruhr. Während ein stilles, klares blaues Meer eines der friedlichsten und stärksten Naturwunder ist, ist ein tiefes, aufgewühltes Meer eine der destruktivsten und grauenerregendsten Kräfte, mit denen die Natur uns konfrontiert.

Durch Ungleichgewicht, Vernachlässigung und Verhärtungen kann das Potential der Sieben sich negativ auswirken. Unabhängigkeit und Freiheit können zu selbstsüchtiger, unverantwortlicher Zügellosigkeit werden, emotionales Vertrauen kann sich in emotionale Unsicherheit verwandeln, und an Stelle von Mäßigung, Großzügigkeit und großherzigen Handlungen können Eigenschaften wie Besitzgier und Besessenheit die Oberhand gewinnen.

Der Weg zum Potential der Sieben ist ein innerer Weg. Sich mit sich selbst zu konfrontieren, sich selbst zu erkennen und seelisch zu wachsen, darf nicht in die Bereiche der Träume verbannt werden. Wenn Sie der Sieben Aufmerksamkeit schenken, dann kümmern Sie sich um Ihr Selbst, also um das, was in Ihnen am wertvollsten ist.

ACHT

Die Kraft und das Potential der Zahl Acht werden oft mit der Farbe Magentarot (einer Mischung aus Blau und Rot) in Verbindung gebracht und stehen damit für die Fähigkeiten zur Führung, zur Kommunikation und Organisation. Die Acht wird auch mit der Farbe Indigo assoziiert, die für ihre Nähe zum Künstlerischen und Kreativen bekannt ist. Beide Farben, Magenta und Indigo, werden mit Heilern und Ärzten, aber auch mit Menschen mit übersinnlichen Fähigkeiten und hellseherischen Kräften verbunden.

In der heiligen Anatomie wird die Zahl Acht mit dem indigofarbenen Stirnchakra assoziiert, das als *Zentrum der übersinnlichen Wahrnehmung und Zentrum psychischer Kontrolle* gilt. Das Potential der Acht ist eng verknüpft mit weiblicher Intuition und Einsicht. Achter handeln oft aus der Intuition heraus und werden von anderen oft als »intuitiv« bezeichnet. Der Erfolg scheint ihnen ohne besondere Mühe gleichsam zuzufliegen.

Die Acht wird auch mit dem orangefarbenen Hara oder Unterleibschakra, dem *Zentrum der Verdauung* – und zwar der physischen, geistigen, emotionalen und spirituellen Verdauung – in Verbindung gebracht. Die Acht ist deshalb eine Zahl, die mit den Kräften und Tätigkeiten des Unterbewußtseins zusammenhängt. In der Astrologie wird die Zahl Acht besonders mit der Sonne und dem Jupiter, dem Planeten der Künste, sowie mit dem Sternzeichen Schütze (»Ich sehe«) und Steinbock (»Ich verwende«) assoziiert. Die Numerologen des Altertums haben bisweilen das Potential der Acht als jene Energie angesehen, die die verschiedenen Welten untereinander verbindet. Die Acht stellt den Punkt dar, wo das Unendliche und das Endliche zusammenfließen, wo Geist zu Materie und Materie zu Geist wird, wo die Implizite und das Explizite den Platz wechseln, wo der Introvertierte und der Extravertierte sich begegnen, wo der Esoteriker und der Exoteriker die Seiten wechseln, wo Unbewußtes bewußt wird und umgekehrt, und wo das Leben auf den Tod folgt und der Tod auf das Leben.

In der heiligen Geometrie wird die Zahl Acht hinauf und hinunter entlang dem Merkurstab, dem Caduceus-Symbol, gezeichnet (zwei um einen Stock geringelte Schlangen). Dieses Symbol soll die Zyklen darstellen, die das Leben erhalten. Die Acht wird auch manchmal als Doppelkreuz oder als Doppelquadrat dargestellt. Der Grund dafür ist, daß die Acht durch die Verdoppelung der Vier gewonnen werden kann. Somit ist die Kraft der Acht eng verwandt mit dem Potential der Vier und auch mit dem Potential der Schattenzahl Eins, die beide Handlung, Fleiß und Willen fördern. Diese Einflüsse gehören zur Acht und sind typisch für sie; daneben sind aber auch Ruhe, Toleranz, Aufnahmebereitschaft und Konzentration bzw. Kanalisierung wichtige Aspekte der Acht. Wir können das Potential der Acht nutzen, um uns auf Gedanken und Ideen einzustimmen, die aus den tiefen Schichten des Unterbewußtseins zu uns aufsteigen.

In der Schöpfungsgeschichte der Numerologie heißt es, daß Gott, der Schöpfer, die Kraft der Acht beschwor, um einen Kreislauf oder einen Rahmen zu schaffen, durch den die Schöpfung Gottes gefestigt und zur Entwicklung gebracht werden konnte. Die Acht ist die Spirale, die Treppe und gleichsam die spirituelle DNS (Desoxyribonucleinsäure) auf der unsere genetischen Anlagen gespeichert sind und die vom Himmel zur Erde und wieder zurück führt.

Stärken

Die Acht weckt Energie, Dynamik, Zielstrebigkeit und Fleiß. Wer sich von der Kraft und dem Potential der Acht beeinflussen läßt, ist in seinen Bestrebungen und Aktivitäten häufig sehr erfolgreich, obwohl er meist dem Erfolg bei weitem nicht soviel Bedeutung beimißt wie seine Mitmenschen. Die Suche nach neuen Horizonten und die Kraft einer unerschütterlichen Hoffnung werden häufig vom Potential der Zahl Acht gefördert.

Management, Organisation, Planung, Verwaltung, Arbeit im Personalbereich, Kontrolle und Autorität – das sind die Stärken derer, die von der Kraft der Acht beeinflußt werden. Wenn die Zahl Acht und die Zahl Eins im Gleichgewicht sind, fördert der Einfluß der Acht Anlagen wie Solidarität, Realismus und Beständigkeit. Ein weiteres Ergebnis dieses Gleichgewichts ist das kluge und wohlüberlegte Setzen und Erreichen von Zielen.

Im Gegensatz zum Ziel der Eins ist das Ziel der Acht nicht notwendigerweise materieller Erfolg und Reichtum. Vielmehr geht es um die persönliche Entwicklung, um innere Werte, philosophische Ziele, ehtische Maßstäbe, um das Wachstum der Seele, spirituelle Verwirklichung und innere Befriedigung. Achter sind oft in dem, was sie tun, sehr erfolgreich und genießen auch den daraus resultierenden materiellen Wohlstand. Materieller Gewinn ist jedoch für einen Achter selten der ursprünglich motivierende Faktor.

Hilfreich und stützend zu wirken, besonders in Gruppen und in liebevollen Paarbeziehungen, in der Ehe, der Familie und in Freundschaften, ist ein Kennzeichen des Achterpotentials. Achter fühlen ein Bedürfnis, mit anderen verbunden und Teil eines Ganzen zu sein. Sie brauchen dieses Gefühl fast so nötig wie das tägliche Brot. Einzelgänger zu sein erscheint dem Potential der Acht ganz und gar nicht attraktiv. Deshalb bieten Achter anderen oft großzügig ihre Hilfe an. Sie sind durch und durch verläßliche Menschen, die ihren Mitmenschen Stärke, Unterstützung und gute, hilfreiche Ratschläge geben.

Die Kraft der Acht fördert Kreativität und Intuition. Wie die Farben Magenta und Indigo aktiviert sie die Qualitäten des Denkens der rechten Gehirnhälfte. Eine ganzheitliche Sicht, einzigartiger kreativer Ausdruck, eine starke Vorstellungskraft und intuitive Erkenntnis sind Qualitäten, die von der Acht gleichermaßen gefördert werden. Ein Bemühen um Kreativität, um spirituelle Werte und Wahrheit sind ebenfalls typische Aspekte.

Auch übersinnliche Begabungen und Fähigkeiten sind charakteristisch für das Potential der Acht. Hellseherei, Psychometrie, mediale Begabung und andere übersinnliche Phänomene können die Wirkungen der Acht manifestieren. Sehr oft kann jedoch die Schattenzahl Eins, eine besonders physische und materielle Zahl, ein Sich-Öffnen für übersinnliche Wahrnehmungen verhindern.

Das Heilen ist eine weitere verbreitete Qualität des Achterpotentials. Wer sich der Kraft der Acht öffnet, merkt vielleicht, daß er ein natürlicher Heiler ist. Er arbeitet oft in Heil- und Arztberufen, beispielsweise in der Gesundheitsberatung, in der Medizin, in den die Medizin ergänzenden Wissenschaften, im psychologischen oder im Pflegebereich. Viele Achter wirken auch als inoffizielle, unbezahlte Kummertanten und -onkel; Menschen, die Hilfe suchen, fühlen sich instinktiv zu ihnen hingezogen.

Aufgaben

Die Acht scheint auf sehr einfache, mühelose Weise »natürliche« Begabungen und Fähigkeiten fördern zu können. Deshalb ist es eine der wesentlichen Aufgaben der Acht, für Ihr angeborenes Potential beständig offen zu bleiben. Sorgen Sie gut für Ihr Selbst, geben Sie ihm Raum, verwirklichen Sie es, erlauben Sie ihm, sich zu entwickeln, nähren Sie es, damit der Einfluß der Zahl Acht nicht blockiert wird. Die Acht benutzt einen Menschen als Kanal. Der Erfolg kommt nicht so sehr *von* Ihnen als *durch* Sie.

Die Acht ist eine herausfordernde Zahl, voller persönlicher Überraschungen. Sie ist eine Energie, von der Sie sich tragen lassen und mit der Sie fließen sollten, anstatt zu versuchen, sie zu begrenzen oder zu kontrollieren. Die Erfahrung des Fließens kann Ihnen ein unangenehmes Gefühl vermitteln, und zwar in einem so starken Maße, daß Sie sich möglicherweise dafür entscheiden, auf die Schattenzahl Eins zurückzugreifen. In dem Fall werden das Intuitive, Phantasievolle, Kreative und Spirituelle leider ignoriert.

Sie gewinnen dadurch Sicherheit, aber keine Zufriedenheit. Die Acht und die Eins müssen zusammen, nicht isoliert arbeiten, genauso wie die Zahlen Sieben und Zwei, Sechs und Drei und Fünf und Vier zusammenarbeiten müssen. Keine Zahl kann es sich leisten, allein zu existieren. Dies ist eine der Lektionen und Aufgaben für das Achterpotential.

Die Acht hat eine besondere Beziehung zum Tod. Viele Menschen verlassen die physische Welt während eines Achterjahres oder eines Achterzyklus. Deshalb wird die Acht manchmal mit Unglück in Verbindung gebracht. Die Acht hat jedoch nicht nur mit dem physischen Tod zu tun. Es geht bei ihr auch um den emotionalen, geistigen und spirituellen Tod, um Geburt und Wiedergeburt. Viele Achter haben täglich mit älteren Menschen und dem Tod zu tun.

Eine der Hauptaufgaben der Achter ist es, sich dem Potential der Acht zu öffnen. Lassen Sie sich auf Ihr intuitives Selbst ein, nehmen Sie Kontakt mit Ihrem kreativen Selbst auf, hören Sie auf die Stimme Ihres inneren Mentors, und erlauben Sie Ihrem übersinnlichen Selbst, sich zu öffnen. Nur allzu häufig stellt das Potential der Eins das Potential der Acht in den Schatten, und zwar so sehr, daß mancher Achter während seines ganzen Lebens kein einziges Mal die Erfahrung des Potentials der Acht in Aktion gemacht hat.

Sich selbst und andere bis zur Erschöpfung anzutreiben, eine besessene, unablässige Beschäftigung mit Finanzen und Reichtum, Kraftlosigkeit und Müdigkeit, der Versuch, alles allein zu machen sowie die Unfähigkeit zu delegieren sind ebenfalls häufige Anzeichen einer schlecht kontrollierten Achterkraft. Die Acht ist ein weiteres kollektives Potential. Es geschieht leicht, daß die Energie der Acht Sie davonträgt. Wenn Sie sehr stark vom Achterpotential beeinflußt werden, finden Sie es wahrscheinlich wohltuend, gelegentlich etwas langsamer zu treten, sich zu entspannen und sich regelmäßig zu zentrieren.

Keinen Achter in Ihrem Numerologiediagramm zu haben kann in Ihrem Leben leere, unausgefüllte Bereiche schaffen, die sich zu konkreten Herausforderungen entwickeln. Ohne die Acht verlassen Sie sich beispielsweise auf andere Zahlen, um Ihr Leben zu vernetzen, zu verbinden und zu organisieren. Sie spüren ohne die Acht möglicherweise ein frei fließendes Gefühl der Isolation und Ungeborgenheit. Wegen der ständigen Beschäftigung mit dem Körperlichen wird das spirituelle Licht vielleicht für längere Zeit von Wolken verschattet sein. Ohne den Einfluß der Acht fühlen Sie sich vielleicht auch nicht mit Gott, dem Schöpfer, und dem Absoluten verbunden, aber das heißt nicht, daß die Verbindungen nicht vorhanden wären.

Wenn Sie zu sehr auf die Schattenkraft der Eins vertrauen, anstatt ein Gleichgewicht zwischen der Eins und der Acht zu schaffen, dann werden Sie in Ihrem Leben vielen Herausforderungen der Eins begegnen. Eine Hauptaufgabe hat mit Erfolg zu tun. Denen, die von der Eins und der Acht beeinflußt werden, fällt es nicht schwer, Erfolg zu haben. Aber was für einen Erfolg? Wenn wir nicht aufpassen, konzentrieren wir uns viel zu stark auf den äußeren Glanz statt auf die Bedeutung unserer Arbeit und die Befriedigung, die wir daraus ziehen können. Erinnern Sie sich daran, daß Ihr Potential grenzenlos ist, und vergessen Sie nicht, daß oberflächlicher Ehrgeiz und materieller Erfolg keinen Bestand haben. Ein guter Rat könnte sein, nach höheren Zielen zu streben, tiefer in sich selbst hineinzuschauen, alles von einer höheren Perspektive aus zu betrachten und seine Energien und sein Interesse ebenso wie auf die äußere auch auf die innere Welt zu richten.

NEUN

Die Kraft und das Potential der Zahl Neun stehen im Zusammenhang mit den Kräften des Gesetzes, der Vervollkommnung und des Ausgleichs. Deshalb wird die Neun auch oft mit der Farbe Weiß und mit der Farbverwandtschaft zwischen Weiß, Schwarz und Grau gekoppelt. Auch die Urteilskraft und das Unterscheidungsvermögen sind mit der Kraft und dem Potential der Zahl Neun verbunden.

Das Neunerpotential wird ferner allgemein mit der Violett-Schwingung in Verbindung gebracht. Sowohl die Zahl Neun als auch die Farbe Violett fördern die Kreativität und stimulieren die Funktionen der rechten Gehirnhälfte wie zum Beispiel Phantasie, Intuition und ganzheitliche Wahrnehmung. Die Neun befreit den Künstler, der in Ihnen steckt. Sie aktiviert auch Ihr natürliches, angeborenes Heilpotential. Wenn Sie den Mut haben, die Kraft der Neun in sich zu wecken, wecken Sie damit auch Ihr übersinnliches Selbst. In der Geometrie ist die Kraft der Zahl Neun mit der Kraft der drei Dreiecke verbunden die ein verbreitetes Symbol für Vervollkommnung und Vollkommenheit sind. Erinnern wir uns an die alte Weisheit, die besagt, daß eine einmalige Reise um das Dreieck bedeutet, Erkenntnis zu werden, während eine zweimalige Reise um das Dreieck bedeutet, Weisheit zu werden. Die Vollendung dieses Gebots, nämlich dreimal um das Dreieck zu reisen, bedeutet, Gesetz zu werden.

In der Astrologie wird das Neunerpotential besonders mit den Sternzeichen Schütze (»Ich sehe«) und Fische (»Ich glaube«) assoziiert, ebenso mit Saturn, *dem Sitz der karmischen Gerechtigkeit*. Und in der heiligen Anatomie wird die Zahl Neun mit dem violetten Stirnchakra, das auch das *Dritte Auge* oder *Sitz der reinen Sicht* genannt wird, in Verbindung gebracht. Das Stirnchakra wird allgemein mit Einsicht, Objektivität, sicherem Werturteil, Wahrheit und Unterscheidungsvermögen verbunden.

In der Schöpfungsgeschichte der Numerologie heißt es, daß Gott, der Schöpfer, die Kraft der Neun beschwor und dadurch das begonnene Werk beendete. So entstand ein Kreislauf, der von Gott zum Geist und in die Materie, und aus der Materie über den Geist wieder zurück zu Gott führte. Die Neun symbolisiert daher Vollendung, Vollkommenheit und das Ende eines Zyklus. Mit der Ankunft der Neun war nun der gesamte Verlauf für diese Reise der Involution und Evolution festgelegt worden.

Stärken

Die Kraft und das Potential der Zahl Neun aktivieren den Mechanismus des Beobachtens in uns. Wenig oder nichts entgeht unserer Aufmerksamkeit. Unsere Wahrnehmung ist kristallklar und unsere Unterscheidungskraft messerscharf. Wir werden von Wahrheit, Fairneß und Gerechtigkeit motiviert. Deswegen sind auch Anwälte, Richter, Detektive, Wissenschaftler, Aufseher, Forscher und Angehörige anderer ähnlicher Berufe häufig vom Neunerpotential beeinflußt.

Das Neunerpotential fördert intuitive Wahrheit, Diagnose und Urteil. Menschen, die sich der Kraft der Neun öffnen, handeln oft nach ihrem inneren Gefühl und folgen der Stimme ihres Unbewußten. Neuner sind für ihre Gerechtigkeit und Toleranz bekannt. Sie sind großzügige Menschen, die an die Integrität ihrer Mitmenschen glauben; im Zweifelsfall entscheiden sie meist zugunsten des Angeklagten. Sie vertrauen ihren Mitmenschen und erwarten, daß man auch ihnen vertraut.

Die Zahl Neun nährt Würde, Ehrgefühl und das Bewußtsein einer inneren Verpflichtung, anderen ein Beispiel zu sein. Die Kraft der Neun weckt auch Pflichtgefühl und eine Bereitschaft zum Dienst am Mitmenschen. In der Tat sind Selbstlosigkeit, Aufopferung und die Bereitschaft zu dienen Charakteristika der Neuner-Persönlichkeit. Viele Menschen, die eine Macht- oder Autoritätsposition innehaben, werden an irgendeiner Stelle ihres numerologischen Diagramms stark von der Kraft der Neun beeinflußt.

Kreativer Ausdruck ist ein weiteres Kennzeichen des Neunerpotentials. Wegen ihrer Fähigkeiten zu objektiver Einschätzung und unvoreingenommener Beurteilung sind Neuner oft gute Kritiker, Herausgeber, Direktoren, Produzenten, Kunstlehrer und in vielen Fällen auch sehr engagierte Kunstmäzene.

Das Neunerpotential wird oft als eine heilende Schwingung interpretiert. Spirituelle und übersinnliche Heiler werden häufig von der Kraft der Neun geführt. Bisweilen ist die heilende Kraft nicht sehr augenfällig, aber sie ist dennoch vorhanden. Menschen fühlen sich in der Nähe eines Neuners wohl, ohne unbedingt den Grund dafür zu wissen. Menschen in heilenden und pflegenden Berufen wie Ärzte oder Krankenschwestern, aber auch Gerichtsmediziner, Medizinforscher und Labortechniker -und assistenten werden oft stark von der Kraft der Neun beeinflußt.

Die Neun fördert die Entwicklung der übersinnlichen Kräfte. Einige der hervorragendsten Heiler, Mediziner und Visionäre waren Menschen, die sich der Kraft der Neun öffneten. Jeder von uns hat intuitive, übersinnliche und kreative Fähigkeiten. Ob Sie das erkennen oder nicht, und ob Sie sich entscheiden, mit diesen Fähigkeiten konstruktiv zu arbeiten oder nicht, hängt im wesentlichen von der Qualität Ihrer Beziehung zur Kraft der Neun ab. Die Frage ist, *wollen Sie die Kraft der Neun besitzen oder sie verleugnen?*

Aufgaben

Wer stark von der Kraft der Neun beeinflußt wird, muß dafür sorgen, daß er der Versuchung widersteht, ausschließlich nach eigenem Gutdünken und nach selbst gemachten Gesetzen zu denken und zu handeln. Die Neun zieht Macht an. Wir haben wie immer die Wahl, die Macht auf konstruktive oder destruktive Weise zu nutzen. Leider sind wir dabei sehr oft nicht weise; wir handeln verantwortungslos und mißbrauchen unsere Macht. Wenn Sie aus der Kraft der Neun schöpfen, müssen Sie vor allen Dingen vermeiden, sich in irgendeiner Weise bestechen zu lassen. Sie müssen sich den Prinzipien von Wahrheit und Integrität verpflichten.

Auch wenn die Kraft der Neun Intuition, Urteilskraft und Unterscheidungsvermögen fördert, gibt es leider keine Garantie, daß Ihre Intuition und Ihr Urteil immer genau zutreffen. Wie erwähnt, aktiviert die Kraft der Neun den Beobachtungsmechanismus in uns, aber Sie müssen dafür Sorge tragen, daß dieser Mechanismus immer richtig funktioniert. Zum Glauben an die persönliche Unfehlbarkeit hat auch ein Neuner keinen Anlaß.

Die Neun kann große Stabilität fördern. Auf der anderen Seite kann sie auch die Samen beunruhigender Instabilität streuen. Neuner müssen aufpassen, daß sie nicht zu unberechenbaren emotionalen Achterbahnfahrern werden: Eben noch klug, aufsehenerregend und sprühend, sind sie im nächsten Moment enttäuschend, unscheinbar und unbeständig.

Stimmungsumschwünge, schneller Wechsel von Höhen und Tiefen, von Triumphen und Niederlagen, kurz: eine Stimmung »himmelhoch jauchzend – zu Tode betrübt«, sind oft Folge eines schlecht kontrollierten Neunerpotentials. Es kann Sie an die Spitze bringen. Aber was ist die Spitze? Und wie lange können Sie sich dort halten?

Keine Neuner oder ein vernachlässigtes Neunerpotential in Ihrem Numerologiediagramm zu haben, kann bedeuten, daß Sie auf Schritt und Tritt mit Aufgaben und Prüfungen konfrontiert werden. Wenn ein Mensch keine Neun hat, muß er besonders gut mit anderen Zahlen arbeiten, um eine Beziehung zu Gesetz, Wahrheit und Weisheit zu entwickeln. Die Potentiale der Drei und insbesondere der Sechs sind im Hinblick auf Richtung, Sicherheit, Objektivität und Führung sehr stark auf den Leitstern der Neun angewiesen. Die Neun ist ein Symbol für das *Höhere Selbst*.

Wenn keine Neunen vorhanden sind oder wenn die Neunen nicht aktiviert sind, kann es leicht geschehen, daß sie dieses innere Potential vernachlässigen. Die Neun hat immer die Aufgabe, sich der Weisheit des höheren Potentials und des *Höheren Selbst* zu öffnen.

Wenn Sie die Kritik- und Urteilsbereitschaft der Neun überaktivieren, dann kann das großartige Potential an Kreativität, Ganzheitlichkeit und Großzügigkeit leicht durch kleinliche Eifersucht, Egoismus, Rechthaberei und Engstirnigkeit verdorben werden. Der konstruktive Kritiker wird zu einem destruktiven Nörgler, der selbst keinen Funken künstlerisches Talent besitzt. Das Streben nach Perfektion kann, wenn Sie nicht das rechte Maß finden, für Sie selbst und für andere schmerzvoll und absurd werden.

In Beziehungen kann eine unkontrollierte Kraft der Neun dazu verleiten, andere beherrschen zu wollen, zu überfahren und zu kontrollieren. Unmögliche Maßstäbe, Kritik, Eifersucht und Zwanghaftigkeit machen sich breit. Auf der anderen Seite kann eine unausgeglichene Kraft der Neun auch zu Desinteresse, Gleichgültigkeit und einem Mangel an vernünftigen Maßstäben führen. Das Potential der Neun kann sowohl das gewissenhafteste als auch das gewissenloseste Verhalten fördern. Wie immer in der Numerologie haben Sie selbst es in der Hand, wie Sie das Potential nutzen.

Viele Neuner wirken auf andere sehr exzentrisch. Sie führen ein anscheinend unregelmäßiges, ungeordnetes Leben, kämpfen um ihre Unabhängigkeit und drücken allem, was sie tun, unweigerlich ihren Stempel auf. Sie sind Individualisten und setzen häufig alles daran, diese Tatsache demonstrativ zu beweisen. Die Kraft der Neun fördert oft wirklich großartige Charaktere. Für eine Neun ist das Leben wie ein Feld mit großen Obstbäumen. Die Früchte sind zum Pflücken da, aber manchmal sind sie so köstlich, daß man nicht weiß, wo man anfangen soll.

Ehrliche Selbsteinschätzung ist eine der Hauptaufgaben, die mit der Kraft der Neun verbunden sind: Sie ist aber darüber hinaus eine Aufgabe, die sich uns allen stellt. Der Schlüssel zu Selbstkontrolle, Selbstverwirklichung und Selbstliebe ist dabei die Selbsterkenntnis. Sie befreit das Potential. Positive Selbsteinschätzung wird Ihnen weiterhelfen: negative Selbsteinschätzung wird Sie hemmen und zu Boden zwingen. Sich ständig zu zentrieren, sich auf eine objektive und faire Weise selbst zu analysieren, zu wissen, wie man gut zu sich ist und für sich selbst sorgt – das sind wichtige Fähigkeiten, die Sie vielleicht erwerben können, wenn Sie der Kraft der Neun deutlich Einfluß auf Ihr Leben einräumen.

NULL

Die Null ist eher ein Nichts als eine Zahl. Es gibt zum Beispiel keine persönlichen Geburtstagszahlen oder persönliche Namenszahlen, die Null ergeben; ebensowenig gibt es die Null als Jahres-, Monats- oder Tageszahlen. Und doch hat die Null oder »das Nichts« einen eindeutigen, berechenbaren Einfluß auf die Zahlen, Daten und Zeiten der Numerologie.

In der heiligen Geometrie wird die Null mit dem Kreis assoziiert. Sowohl die Null als auch der Kreis sind Symbole der Fülle, der Ganzheit, der *Abgerundetheit* und der Vollendung. Paradoxerweise symbolisieren beide aber auch die Leere, das Nichts und die Nichtexistenz. Die Null und der Kreis sind ferner Sinnbilder für die Zeit vor dem Anfang und die Zeit nach dem Ende.

In der Numerologiegeschichte der Schöpfung heißt es, daß Gott, der Schöpfer, von Null an beginnen mußte. Die Null steht für das Stadium, in dem alle Schöpfungsmythen einsetzen. Die *Leere,* die *Urgewässer,* das *Nichts,* das *Das, was nicht ist,* die *Zeit vor der Zeit* und paradoxerweise das *Ende nach dem Ende* – sie alle werden durch die Null ausgedrückt.

Die Null wird nicht wirklich mit einer Farbe in Verbindung gebracht. Statt dessen hängt sie mit Undurchsichtigkeit und – ihrem paradoxen Wesen entsprechend – auch mit Durchsichtigkeit, Lichtdurchlässigkeit zusammen. Die Null steht in Beziehung zu dem *Kosmischen Spiegel.* Wo immer also die Null auftaucht, ist das eine gute Gelegenheit, sich einen Spiegel vorzuhalten, um sich selbst zu betrachten und zu entdecken. Die Null wird auch mit Klarheit, ungehinderter Sicht und der Übertragung von Licht und Helligkeit assoziiert.

Die Null ist weiterhin mit dem Begriff der *Kosmischen Linse* verbunden, mit der es folgende Bewandtnis hat: Am zehnten Tag jeden Monats ist es angebracht, die Wirkungen der Zahl Eins in Ihrem Leben zu analysieren. Am zwanzigsten Tag jeden Monats heißt es die Wirkungen der Zahl Zwei in Ihrem Leben zu betrachten. Und am dreißigsten Tag jeden Monats die der Zahl Drei. Immer wenn eine Null in Ihrer persönlichen Geburtstagszahl erscheint, dann ist es gut, sich darin zu üben, mit soviel Klarheit und Verständnis wie möglich, eben durch die *kosmische Linse,* auf Ihr Leben zu schauen.

In der heiligen Anatomie wird die Null mit dem Raum unterhalb und oberhalb des physischen Körpers assoziiert. Sie ist somit ein Symbol für allen Raum, der Sie umgibt. Die Null wird auch mit der Seele und insbesondere mit ihrer Reinheit verknüpft. In der chinesischen Philosophie wird diese Reinheit als ein *unbehauener Block* beschrieben, der noch von keiner Lebenserfahrung besudelt wurde. Die Null bringt Sie dazu, Ihre Seele zu erforschen, Ihre ursprüngliche Vorstellung zu erkennen und Kontakte mit jenem Bereich in sich selbst aufzunehmen, der jenseits von Raum und Zeit liegt.

Die Null steht sowohl für das nicht manifestierte Potential als auch für die beendete Arbeit. In der Zeit der Zehn etwa sollten Sie sich daher fragen, welches das volle, nicht manifestierte Potential der Zahl Eins ist. Möglicherweise möchten Sie diese

Übung mit jeder der neun Grundzahlen machen. Das wird Ihnen helfen, sich selbst zu erforschen und über sich selbst hinauszuwachsen.

Wenn Sie sich die Null anschauen, ist es, als blickten Sie in einen langen Kanal oder ein Rohr. Wann immer eine Null in Ihrem Leben auftaucht, haben Sie die Chance, zu einem Kanal für Gedanken, Ausdrucksformen und Ideen zu werden. Dies ist eine Zeit der Entspannung, des Innehaltens, der Offenheit und des Friedens, vergleichbar der ruhigen Oberfläche eines klaren, stillen Sees. Warten Sie und beobachten Sie, was kommen mag. Das Potential des Universums hat vielleicht gerade Sie ausgewählt, um sich durch Sie auszudrücken.

Kapitel 3

Ihre persönliche Geburtstagszahl

Ihre *persönliche Geburtstagszahl* wird von der Anordnung der Zahlen Ihres Geburtsdatums abgeleitet. Die *persönliche Geburtstagszahl* ist wahrscheinlich die bedeutendste und einflußreichste Zahl in Ihrem Leben. Sie stellt die Potentiale, Möglichkeiten und Wahrscheinlichkeiten dar, die Sie gewählt haben, um damit zu arbeiten und sie hier auf der Erde zu verwirklichen.

Die Qualität Ihrer Beziehung zu Ihrer persönlichen Geburtstagszahl kann die Qualität Ihrer Beziehung zum Leben bestimmen und widerspiegeln. Diese Beziehung kann zur Basis für die größten Stärken und Erfolge in Ihrem Leben werden. Sie müssen also sehr darauf achten, diese Basis zu sichern und zu fertigen, denn davon hängt es ab, ob Sie zu wachsen und sich selbst auszudrücken vermögen.

Sie sind der Wächter Ihrer persönlichen Geburtstagszahl. Sie werden von dieser Zahl nicht beherrscht, oder zumindest sollten Sie es nicht, denn die Zahlen sind Ihre Werkzeuge, Ihre Diener, nicht aber Ihre Meister. Sie bilden das Potential, das Sie erforschen, mit dem Sie spielen und durch das Sie sich ausdrücken sollen.

Ihre persönliche Geburtstagszahl ist ein sehr wichtiger Wegweiser, der sehr wohl die Richtung und den Sinn Ihres Lebens angeben kann. Sie gibt sehr oft einen deutlichen Hinweis auf Ihre Motivationen, Ihre Ziele, Werte und Ihren ganz persönlichen Lebenssinn. Deshalb kann es sehr nützlich sein, sich dann, wenn Sie Führung brauchen oder wenn Sie eine Entscheidung treffen müssen, an die Zahlen zu wenden. Sich mit Hilfe der Zahlen zu orientieren, kann eine sehr wirksame Therapie sein. Es kann

Ihnen helfen, sich zu öffnen und neue Möglichkeiten in Ihrem Leben zu schaffen. Eine der höchsten Wahrheiten der Philosophie der Zahlen ist, daß Ihnen *alle Möglichkeiten* offenstehen. Eine bewußte, täglich gepflegte Beziehung zu den Zahlen kann Sie an Ihr Potential erinnern, so daß Sie befähigt werden, mit Ihren Aufgaben, Pflichten und Projekten leichter fertigzuwerden.

Die Formel

Im Fernen Osten und im Orient wurde die persönliche Geburtstagszahl als so außerordentlich wichtig betrachtet, daß in manchen alten Mysterienschulen ihre Formel streng geheimgehalten und nur wenigen Erwählten in einem Initiationsritual mitgeteilt wurde. In anderen alten Schule wurde die Formel bereitwilliger offenbart und dem Betreffenden zum Anlaß der Volljährigkeit mitgeteilt. Die Würde und Bedeutung dieser Zahl geboten es, ihre Heiligkeit in Ehren zu halten.

In der westlichen Welt wurde die Heraldik, die Wissenschaft der Wappen- und Medaillen, ebenfalls von der Numerologie beeinflußt. Heute allerdings ist es so, daß die meisten modernen Geistlichen den Zahlen keine oder nur wenig Bedeutung beimessen. In früheren Jahrhunderten war die Geburtstagszahl eines Menschen jedoch das Erkennungszeichen seines Lebens, und man trug sie als Zeichen für das Schicksal und das persönliche Potential bei sich. Man hielt die Geburtstagszahl in Ehren und war außerordentlich stolz auf sie.

Um Ihre persönliche Geburtstagszahl auszurechnen, nehmen Sie die Zahl des Tages, die Zahl des Monats und die Zahl des Jahres Ihrer Geburt und addieren dann diese Zahlen. Hier wie überhaupt in der Numerologie gilt dabei die Quersummen-Methode: Von zweistelligen Zahlen wird solange die Quersumme genommen, bis Sie eine einstellige Zahl erhalten. Als Beispiel nehmen wir das Geburtsdatum von Walt Disney, dem amerikanischen Pionier des Zeichentrickfilms: 5. Dezember 1901.

Geburtstag + Geburtsmonat + Geburtsjahr = Persönliche Zahl

Geburtstag	=	5
Geburtsmonat	=	3 (12: 1 + 2 = 3)
Geburtsjahr	=	2 (1 + 9 + 0 + 1 = 11: 1 + 1 = 2)
Persönliche Zahl	=	**1** (5 + 3 + 2 = 10: 1 + 0 = 1)

Walt Disneys persönliche Geburtstagszahl ist die Eins. Es ist deswegen höchst wahrscheinlich, daß die Kraft und das Potential der Eins die motivierenden Faktoren in Walt Disneys Leben waren. Der »originelle Mensch«, der »Pionier«, der »Führer« und der »Unternehmer« sind allesamt Potentiale, die häufig von der Einserkraft geweckt werden. Es hat den Anschein, als hätte Walt Disney dieses Potential in seinem Leben gut genutzt.

Die Zahl Eins wird natürlich nicht der einzige numerologische Einfluß in Walt Disneys Leben gewesen sein, da kein Mensch von nur einer einzigen Zahl allein beeinflußt wird. In der Tat heißt die höchste Wahrheit der Numerologie: *wir sind alle Zahlen.* Jedoch ist das Potential Ihrer persönlichen Geburtstagszahl häufig in Ihrem Leben die vorherrschende Kraft. Die Entscheidung, ob Sie mit diesem Potential nun arbeiten oder nicht, liegt natürlich bei Ihnen.

Lassen Sie uns ein weiteres Beispiel nehmen, das der Kaufsmannstochter Margaret Hilda Thatcher, die Englands erste Premierministerin wurde. Ihr Geburtsdatum ist der 13. Oktober 1925.

Geburtstag + Geburtsmonat + Geburtsjahr = Persönliche Zahl

Geburtstag	=	4 (1 + 3 = 4)
Geburtsmonat	=	1 (10: 1 + 0 = 1)
Geburtsjahr	=	8 (1 + 9 + 2 + 5 = 17: 1 + 7 = 8)
Persönliche Zahl	=	**4** (4 + 1 + 8 = 13: 1 + 3 = 4)

Die Kraft der Vier symbolisiert das höchste Potential von indivi-
duellem Einsatz und Willen. Intensiver Fleiß, totales Engagement, beharrliche Entschlossenheit und Arbeit bis zur Erschöpfung sind verbreitete Eigenschaften und Verhaltensweisen, die
alle vom Viererpotential inspiriert werden. Während ihrer elf
Amtsjahre als Premierministerin legte Margaret Thatcher genau
diese Verhaltensweisen an den Tag; einige ihrer Landsleute waren deshalb von ihr begeistert, andere empfanden ihre Härte und
Zähigkeit als abstoßend und abschreckend.

Nehmen wir noch ein letztes Beispiel einer persönlichen Geburtstagszahl; diesmal den indischen religiösen und politischen Führer
Mahatma Gandhi, der am 2. Oktober 1869 geboren ist.

Geburtstag + Geburtsmonat + Geburtsjahr + Persönliche Zahl
Geburtstag   = 2
Geburtsmonat   = 1 (10: 1 + 0 = 1)
Geburtsjahr   = 6 (1 + 8 + 6 + 9 = 24: 2 + 4 = 6)
Persönliche Zahl   = 9 (2 + 1 + 6 = 9)

Mahatma Gandhis persönliche Geburtstagszahl ist die Zahl Neun.
Das Potential der Zahl Neun inspiriert (spirituelles) Gesetz und
(spirituelle) Wahrheit, Beobachtung, Unterscheidungsvermögen
und Urteilskraft. Es verleiht auch Würde, Ehrgefühl und das
Bewußtsein, wie wichtig es ist, anderen ein Vorbild zu sein.
Mahatma Gandhi war ein lebendes Beispiel für alle diese Attribute und Eigenschaften. Er studierte Jura in England suchte nach
spirituellen und politischen Erfahrungen in Afrika und Indien und
diente durch sein persönliches Engagement und seinen persönlichen Mut anderen als Vorbild. Von sich selbst sagte Mahatma
Gandhi mit Recht: »Durch mein Lehren setze ich ein Beispiel.«

»Schattenzahl«

In der Numerologie gibt es ein *Königreich des Lichts* und auch ein *Königreich der Schatten.* Mit anderen Worten: Jede Zahl in Ihrem numerologischen Profil hat eine *Schattenzahl oder Schattenkraft,* und diese Kraft ist ein weiteres Potential, das Sie zur Stärkung und Führung anrufen können. Ein Hauptziel und eine Hauptaufgabe der Numerologie liegt darin, ein angemessenes Gleichgewicht und eine gewisse Harmonie zwischen Ihren Zahlen und deren Schattenzahlen zu schaffen.

Das Wort »Schatten« beschreibt in gewissen Schulen der Psychologie wie auch in der Kunst häufig etwas Düsteres. In der Numerologie dagegen assoziieren wir mit dem Wort Schatten durchaus nichts Negatives. Wie schon in Kapitel 1 erwähnt, gibt es keine »schlechten Energien«, kein »Unglück«, keine »schädlichen« Schwingungen oder »negativen« Potentiale in der Numerologie. Das Potential der Zahlen erweist sich als entweder »gut« oder »schlecht«, je nachdem, wie Sie mit ihm umgehen.

Deshalb bezieht sich in der Numerologie das Wort »Schatten« auf das, »was sich der normalen Sicht entzieht«. Es weist auf innere, angeborene Qualitäten hin, die nicht auf den ersten Blick zu sehen sind. Wenn wir beispielsweise unsere Geburtstagszahl mit der Spitze eines Eisbergs vergleichen, dann gibt es unsichtbar unter der Meeresoberfläche den »Schatten« – ein riesiges, machtvolles Potential.

Wir alle haben so ein »Schattenpotential«; aber nur wenige von uns realisieren es. Ihre persönliche Geburtstagszahl stellt das auf die Zukunft gerichtete *Potential vor Ihnen* und auch Ihr *mögliches Schicksal* dar; Ihre persönliche Geburtstagsschattenzahl hingegen das *Potential tief in Ihnen* und auch *Ihr Erbe.* Mit anderen Worten: Ihre persönliche Geburtstagszahl verweist auf das, womit Sie sich in Ihrem Leben beschäftigen werden, was Sie erreichen können. Ihre persönliche Geburtstagsschattenzahl stellt auf einer einzigen Ebene dar, was Sie schon haben und was Sie schon sind.

Der »Schatten« wird nur zu »Licht«, wenn Sie sich diesem Potential »öffnen«. Er repräsentiert insbesondere tiefgründige, angeborene, in Ihrem eigentlichen Selbst verwurzelte Eigenschaften. Diese Qualitäten entfalten sich mit Hilfe sorgfältiger Besinnung und andauernder Pflege. Sie werden das »Schattenpotential« nicht *für* sich arbeiten *lassen; sie erlauben* ihm vielmehr, *durch Sie* zu arbeiten. Sie müssen deshalb bereit sein, sich ihm zu öffnen und es aus sich herausfließen zu lassen.

Der Schatten der Zahl Eins ist die Zahl Acht. Der Schatten der Zahl Zwei ist die Zahl Sieben. Der Schatten der Zahl Drei ist die Zahl Sechs. Der Schatten der Zahl Vier ist die Zahl Fünf. Der Schatten der Zahl Fünf ist die Vier. Der Schatten der Zahl Sechs ist die Zahl Drei. Der Schatten der Sieben ist die Zahl Zwei. Der Schatten der Zahl Acht ist die Zahl Eins. Die Zahl Neun aber ist sich selber Schatten. Tatsächlich können Sie sehen, daß die persönliche Geburtstagszahl und ihr Schatten sich immer zur Kraft der Neun addieren, die in der Numerologie das Symbol für Gleichgewicht, Verwandlung, Vollendung und Gesetz ist.

Wenn wir uns das genauer anschauen, erkennen wir eine genaue Beziehung zwischen den neun Grundzahlen und ihrem jeweiligen Schatten.

Auf eine Kurzformel gebracht, verkörpert die Kraft der Eins materielles Bestreben. Ihre Schattenkraft Acht inspiriert spirituelles Bestreben. Die Kraft der Zwei ist – kurz gefaßt – ein Symbol für Gefühle und Emotionen. Ihre Schattenkraft Sieben ist ein Symbol für spirituelle Liebe. Die Kraft der Drei steht für Verstand und Intelligenz. Ihre Schattenkraft Sechs repräsentiert Weisheit und Erkenntnis. Die Kraft der Vier fördert individuellen Willen und menschliche Zielstrebigkeit. Die Kraft der Fünf, ihr Schattenpotential, fördert kollektiven Willen und spirituellen Eifer. Deshalb haben die Kräfte von Eins, Zwei, Drei und Vier eine höhere spirituelle Widerspiegelung jeweils in den Zahlen Acht, Sieben, Sechs und Fünf. Und deshalb sollten Sie, wenn Ihre persönliche Geburtstagszahl entweder Eins, Zwei, Drei oder Vier ist, sich auch ihres jeweiligen Schattenpotentials bewußt sein.

Wenn jedoch Ihre persönliche Zahl entweder Fünf, Sechs, Sieben oder Acht ist, dann sieht die Beziehung zum Schatten etwas anders aus. Zum Beispiel führt das Potential der Fünf, der *kollektive Wille,* kaum zu wesentlichen Ergebnissen, wenn es nicht zuerst auf den Fels der Vier, das *Potential des persönlichen Willens,* gebaut wurde. Wie können wir erwarten, einer Gemeinschaft zu dienen, wenn wir nicht einmal in der Lage sind, uns selbst zu dienen? Das Potential der Sechs, das der *Weisheit und der Erkenntnis,* muß von dem Potential der Drei geerdet und gestützt werden. Wie können wir unserer Weisheit trauen, wenn wir unserer Intelligenz nicht trauen können? Das Potential der Sieben, das der *bedingungslosen Liebe,* führt zu nichts, wenn wir nicht auch gelernt haben, zu fühlen, zu erleben und mit Gefühl zu leben. Die Kraft der Sieben ist wie ein Schmetterling, der aus dem Kokon der Kraft der Zwei auftaucht. Die beiden Zahlen sind Gegensätze, und doch sind sie komplementär und hängen existentiell voneinander ab. Gleichermaßen kann das Potential der Acht, *spiritueller Erfolg,* kaum verwirklicht werden, wenn Sie nicht zuerst die Kraft der Eins, *physischen Erfolg,* aktiviert haben.

Wir können versuchen, alle Zahlen in unserem numerologischen Diagramm zu ignorieren – außer einer, der Kraft der Neun. Diejenigen unter uns, deren persönliche Geburtstagszahl das Neunerpotential ist oder in deren numerologischem Diagramm viele Neunen vorkommen, insbesondere drei Neunen, können dem Neunerpotential nicht ausweichen oder es ignorieren, denn das Potential ist vor, hinter und in uns. Deshalb kann es sogar schädlich sein, wenn dieses Potential nicht anerkannt wird. Aus diesem Grund wird die Neun auch die *Zahl der Herausforderun-*

gen genannt. Es sollte jedoch gesagt werden, daß auf ihre Weise *jede Zahl* eine Zahl der Herausforderungen ist.

Die Bedeutung Ihrer Schattenzahl wird so groß sein, wie Sie es zulassen. Es sollte jedoch beachtet werden, daß das Schattenpotential Ihrer persönlichen Geburtstagszahl dazu tendiert, in den späteren Jahren Ihres Lebens immer aktiver und sichtbarer zu werden, vor allem in der zweiten und dritten Lebensphase. Zu dieser Zeit unseres Lebens sind wir oft bereit und ausreichend motiviert, unter die Oberfläche der Dinge zu schauen, tiefer zu graben und uns ein wenig gründlicher als zuvor mit uns selbst auseinanderzusetzen. Wir wissen, wohin wir gehen wollen und was wir haben, aber woher kommen wir und was bringen wir mit? In den späteren Jahren unseres Lebens wird das Schattenpotential sich oft auf natürliche Weise und beinahe von selbst manifestieren.

Die drei Lebensabschnitte

Die Vorstellung, daß es Lebenszyklen oder -abschnitte gibt, ist in den meisten Kulturen verbreitet. Yogis und Hindus beispielsweise sprechen oft von den vier Lebensphasen, und sie beschreiben auch das Leben als eine Reihe von Sieben-Jahres-Zyklen. Sie sind keinesfalls die einzigen Kulturen und Zivilisationen, die mit dem Konzept von Zyklen vertraut waren. Die Griechen, Römer, Ägypter, nordamerikanischen Indianer und Chinesen haben die Struktur und den Ablauf des Lebens anhand von Phasen und Zyklen interpretiert. Die Auffassung von einer linearen Zeit und einer sich in Epochen entwickelnden Geschichte ist eine irreführende Vorstellung der modernen westlichen Zivilisation, die bald berichtigt werden wird. Die Evolution ist selbstverständlich ihrer Natur nach zyklisch!

Nehmen wir noch einmal Walt Disney als Beispiel, dessen Geburtstag der 5. Dezember ist.

Geburtstag + Geburtsmonat + Geburtsjahr = Persönliche Zahl
Geburtstag   = 5
Geburtsmonat   = 3 (12: 1 + 2 = 3)
Geburtsjahr   = 2 (1 + 9 + 0 + 1 = 11: 1 + 1 = 2)
Persönliche Zahl = 1 (5 + 3 + 2 = 10: 1 + 0 = 1)

Die persönliche Geburtstagszahl setzt sich aus drei Zahlen zusammen, von denen jede ein Symbol für eine der drei großen Lebensphasen ist, die jeweils ungefähr 27 Jahre (drei Neunen) dauern. Neun Neunen stehen für Gesetz, für Vollendung und auch für das Leben überhaupt.

Die *Geburtstagszahl* repräsentiert die erste Lebensphase. Mit anderen Worten, sie symbolisiert ein Potential für die ersten siebenundzwanzig Jahre Ihres Lebens. Die Zahl Eins, Zwei und Drei in Ihrem numerologischen Diagramm können während dieser Zeit der *Initiation* von Natur aus auch aktiver sein. Während dieses ersten Lebensabschnitts tun wir unser Bestes, um einen Rahmen für das Leben auf der Erde zu schaffen. Wir erden uns also gewissermaßen selbst, indem wir eine Richtung, einen Kurs festlegen, eine Karriere beginnen und indem wir bestimmte physische, emotionale und geistige Verhaltensweisen entwickeln. Während dieser ganzen Zeit ist die Geburtstagszahl ein bedeutendes und vielleicht sehr offensichtliches Potential. Genauso wichtig ist ihr Schattenpotential.

Walt Disney wurde möglicherweise während seines ersten Lebensabschnittes sehr stark vom Potential der Fünf und deren Schattenkraft, der Zahl Vier, beeinflußt und gestützt. Der kollektive Wille gewinnt eine immer größere Bedeutung und hat deshalb Vorrang vor dem persönlichen Willen. Die Kraft der Vier kann eine unschätzbar wertvolle Kraftquelle und ein Fundament für das Fünferpotential sein. Das Viererpotential kann ein kollektives Ideal in einen mächtigen kollektiven Willen und letztendlich in eine mögliche kollektive Realität verwandeln.

Die Zahl des *Geburtsmonats* repräsentiert Potentiale und Einflüsse, die insbesonders während der zweiten Phase Ihres Lebens erwachen und mitunter voll zum Tragen kommen. Dieser zweite Lebensabschnitt dauert wieder ungefähr siebenundzwanzig Jahre. Die Zahlen Vier, Fünf und Sechs in Ihrem numerologischen Diagramm sind vielleicht in diesem Abschnitt von Natur aus aktiver. Dieser Lebensabschnitt bringt gewöhnlich den *Übergang* von physischen, emotionalen, geistigen und individuellen Prioritäten zu philosophischen, betrachtenden, spirituellen und kollektiven Prioritäten. Die Zeit des »körperlichen Erblühens« ist zu Ende oder sollte zumindest zu Ende sein. Die Zeit um das fünfundvierzigste Lebensjahr ist oft eine Zeit des Kampfes zwischen dem individuellen und dem kollektiven Willen und künftig häufig die Phase dafür, die wir im allgemeinen die »Mildlife-Crisis«, die Krise des mittleren Lebensalters nennen.

Walt Disney wurde von der magischen Zwölf beeinflußt, die zusammengerechnet 1 + 2 = 3 oder »Eins, Zwei, Drei« ergibt. Das Schattenpotential der Drei ist Sechs, und die Summe von Eins, Zwei und Drei ist Sechs, und die Summe von Eins, Zwei und Drei ist ebenfalls Sechs. Wenn man die Kraft der Sechs verdoppelt, so ergibt sich die Kraft der Zwölf. Die Zwölf steht für die erfolgreiche Verwandlung von physischer, emotionaler und geistiger Vernunft in die Qualitäten von Weisheit und Erkenntnis.

Die Zahl des *Geburtsjahres* repräsentiert mögliche Potentiale für den dritten Lebensabschnitt. Diese Zahl ist während der nächsten siebenundzwanzig Jahre Ihres Lebens und danach, bis zum Tod, aktiv. Sie steht insbesondere für den Sinn und die Erfüllung Ihres Lebens und Ihrer Arbeit. Die Zahlen Sieben, Acht und Neun in Ihrem numerologischen Diagramm können während dieser Zeit Ihres Lebens natürlich aktiver sein. Auch die Schattenpotentiale werden wahrscheinlich aktiver und zugänglicher sein.

Wenn wir die Gesamtzahl von Walt Disneys Geburtsjahr nehmen, so gelangen wir zu einem interessanten Muster von (1 + 9)

= 10 + 01 = 11 = 1 + 1 = 2. Für einen Numerologen ist der Muster 1001 (10 + 01) faszinierend. Dieses beschreibt, grob interpretiert, ein Leben, das mit Ehrgeiz und der Ausstrahlung von Originalität (das Potential der Eins) begann, das Raum schuf, damit sich die Originalität manifestieren konnte (das Potential der beiden Nullen), und das schließlich mit der kreativen und originellen Note endete, mit der es begann (wieder das Potential der Eins). Walt Disneys persönliche Geburtstagszahl ist die Zahl Eins. Wenn wir jedoch beginnen, alle Zahlen, die das Datum seiner Geburt ausmachen, zu analysieren, so, als ob wir ein numerologisches Diagramm erstellen wollten, dann können wir auch sehen, daß die Zahl Eins durchweg sehr stark vertreten ist und deshalb seinem Leben möglicherweise sogar noch mehr Einfluß, Bedeutung, Sinn und potentielle Kraft hinzugefügt hat.

Ihre persönliche Geburtstagszahl ist eine sehr bedeutende Zahl, nicht zuletzt, weil sie auch die drei Zahlen enthält, die die Potentiale und Einflüsse repräsentieren und symbolisieren, die die drei Abschnitte des Lebens motivieren und charakterisieren können. Ihre persönliche Geburtstagszahl drückt jedoch auf keinen Fall die ganze Wahrheit aus. Sie hat eine ähnliche Bedeutung wie Ihr Sonnenzeichen in der Astrologie; dieses ist zwar einer der wichtigsten Einflüsse, jedoch keinesfalls der einzige. In der Tat können, wie in der Astrologie, andere Potentiale, Lebensereignisse und -bedingungen zusammenkommen, so daß ein Muster geschaffen wird, das stärker ist als Ihre persönliche Geburtstagszahl.

Es kann auch sein, daß Sie stärker mit dem Schattenpotential Ihrer persönlichen Geburtstagszahl in Verbindung sind. Die ganze Wahrheit kann nur mittels eines vollständigen numerologischen Profils gefunden werden und natürlich mittels der beiden wichtigsten Faktoren überhaupt, nämlich *Erfahrung* und *Entscheidung*. Es kann in der Numerologie weder Dogma noch Gewißheit geben, nur Potential, Möglichkeiten und bestenfalls Wahrscheinlichkeiten.

»Tag-/Nachtbaby«, »Sonnen-/Mondkind«

Die Geburtsstunde eines Menschen wurde schon immer als wichtig angesehen, wenn auch nie als so bedeutungsvoll wie die Geburtstagszahl.

Wie ihre Nachbarwissenschaft, die Astrologie, mißt auch die Numerologie der Geburtszeit und den Mond- und Sonnenphasen bei der Geburt große Bedeutung bei. Sie geht davon aus, daß jeder von uns unter dem Einfluß besonderer Energien und Potentiale geboren wird, und daß diese Energien und Potentiale mit unserer Geburtsstunde zu tun haben, sowie damit, ob wir am Tage oder in der Nacht geboren wurden.

Es heißt, daß jede Stunde auf eine Richtung und ein Schicksal im Leben hinweist. Es empfiehlt sich immer dann, der Zahl der Geburtsstunde besondere Aufmerksamkeit zu schenken, wenn

a) diese Zahl dieselbe ist wie Ihre persönliche Zahl,

b) diese Zahl dieselbe ist wie Ihre Schattenzahl,

c) diese Zahl Potentiale bereitstellt, die Sie nicht in Ihrer *persönlichen Namenszahl* haben, oder

d) diese Zahl sich in Ihrem ausgefüllten Numerologiediagramm am häufigsten wiederholt.

Wenn Sie nachts geboren wurden, sind Sie ein *Nachtbaby* oder *Mondkind.* Das heißt, daß Sie, wenn Sie sich so entscheiden, besonders von den Archetypen der Nacht und des Mondes gestärkt, beeinflußt und inspiriert werden. Die Nacht und der Mond sind Symbole für eine weibliche, intuitive, phantasievolle Kraft und für das Potential der rechten Gehirnhälfte. Das silbrige Licht des Nachthimmels ist eine kollektive, nährende und versorgende Energie. Sie wird sehr oft mit weiblicher Kreativität, mit unbewußtem Ausdruck und auch mit physischer Kontrolle in Verbindung gebracht. Der Nachthimmel kühlt das Feuer der Sonne und schafft und erhält somit physische und spirituelle Harmonie.

Wenn Sie tagsüber geboren wurden, sind Sie ein *Tagesbaby* oder

Sonnenkind. Das bedeutet, daß Sie, wenn Sie sich so entscheiden, besonders von den Archetypen des Tages und der Sonne gestärkt, beeinflußt und inspiriert werden können. Der Tag und die Sonne sind Symbole für männliche, aktive, logisch denkende Kraft und für das Potential der linken Gehirnhälfte. Das goldene Licht des Tageshimmels nährt und stärkt den Ehrgeiz, den Leistungswillen, den Fortschritt und die Zielstrebigkeit. Häufig steht es im Zusammenhang mit männlicher Kreativität, mit bewußtem Ausdruck und mit physischer Kontrolle.

Natürlich haben nicht nur Mondkinder einen Zugang zu weiblichen Potentialen, und natürlich haben Sonnenkinder nicht nur Zugang zu männlichen Potentialen. Wir zeigen nur Möglichkeiten und Wahrscheinlichkeiten auf. Es gibt keine Gewißheit in den Zahlen, weil es an uns liegt, aus unseren Zahlen das zu machen, was wir wollen. Wenn wir nicht aktiv werden, wird sich kein Potential der Welt manifestieren können. Eine alte Weisheit besagt: »Wenn ein Mensch einen Schritt auf Gott zugeht, wird Gott zwei Schritte auf ihn zugehen.« In der Numerologie gilt dasselbe: *Gehen Sie einen Schritt auf Ihr Potential zu, und Ihr Potential wird zwei Schritte auf Sie zugehen.*

Manche Menschen wurden bei Anbruch des Tages oder der Nacht geboren. Hier sind die beiden Welten Tag und Nacht und Sonne und Mond nahe beieinander, und die Vereinigung der beiden Potentiale mag leichter zu erreichen sein. In jedem Fall liegt es auch hier wieder an uns selbst, unser Potential zu suchen, zu entdecken und zu realisieren.

Wir alle funktionieren und arbeiten zu manchen Zeiten besser als zu anderen. Manche von uns arbeiten nachts besser, die meisten Menschen sind jedoch tagsüber am aktivsten. Manche von uns arbeiten besonders gut am Morgen, wenn sie voller Schwung, Tatkraft und Optimismus sind. Die Nachmittage erscheinen meistens zum Arbeiten weniger günstig. Aber vielleicht ziehen Sie die Nachmittage den Morgenstunden vor?

Die Numerologie geht davon aus, daß jeder Tag ein Leben in Miniatur ist, und daß es im Laufe jeden Tages Zeiten gibt, in denen wir uns wach, lebendig und wie neu geboren fühlen. Es gibt auch Zeiten, die für kreativen Ausdruck, Entscheidungen, Inspiration oder harte Arbeit besonders günstig zu sein scheinen. Sehr oft entsprechen diese Zeiten Ihrer tatsächlichen Geburtszeit.

Männliche und weibliche Zahlen

Wie in Kapitel 1 schon erläutert, glaubten viele Numerologie-schulen des Altertums, daß die Welt durch das Zusammenspiel zweier wesentlicher Kräfte, des *Männlichen* und des *Weiblichen,* geschaffen und erhalten wurde und sich durch diese weiterent-wickelte. Entsprechend werden auch die Kraft und das Potential der Zahlen durch das Zusammenspiel des Männlichen und des Weiblichen beherrscht. Das heißt im wesentlichen, daß einige Zahlen ein stärker männliches Potential und andere ein stärker weibliches Potential haben.

Die vorwiegend männlichen Zahlen sind Eins, Drei, Fünf und Sieben. Die Kräfte der Eins und Drei sind materielle, physische Potenzen, während die Kräfte der Fünf und Sieben höhere, kol-lektive Potenzen sind. Sie sind jedoch alles männliche Potentiale, und als solche werden sie mit dem Tag, der Sonne, dem Feuer, der Extravertiertheit, dem Yin, dem Animus, der Aktivität, der Initiative, der Befruchtung, dem Ehrgeiz und der Anstrengung in Verbindung gebracht.

Männliche Kräfte stärken und aktivieren auch die Funktionen der linken Gehirnhälfte.

Die weiblichen Grundzahlen sind Zwei, Vier, Sechs und Acht. Die Kräfte der Zwei und Vier sind materielle, physische Poten-zen, während die Kräfte der Sechs und Acht höhere, kollektive Potenzen sind. Sie sind jedoch alle weibliche Potentiale, und als solche werden sie mit der Nacht, dem Mond, der Kühle, dem Wasser, der Introvertiertheit, dem Yang, der Anima, der Passivität, der Erhaltung, der Empfängnis, dem Nähren und der Besinnung in Verbindung gebracht. Weibliche Kräfte unterstützen und nähren auch die Funktionen der rechten Gehirnhälfte.

Weibliche und männliche Zahlen sind Werkzeuge, die Sie entweder korrekt oder falsch, angemessen oder unangemessen, konstruktiv und destruktiv nutzen können. So wie jede einzelne Zahl bestimmte Lehren und Erfahrungen liefert, bergen auch die männlichen und weiblichen Kräfte hinter jeder Zahl bestimmte Lehren und Erfahrungen für uns.

Die Prinzipien des Männlichen und Weiblichen lehren *Komplementarität* und *angemessenes Gleichgewicht*. Deshalb muß ein Mann mit einer Mehrzahl von männlichen Zahlen in seinem Diagramm offensichtlich die Kraft des Männlichen nutzen, jedoch nicht auf Kosten des Weiblichen. Männliches und Weibliches können nicht ohne einander leben oder gedeihen. Das Anerkennen und Ausleben seiner Weiblichkeit wird deshalb die Männlichkeit des betreffenden Mannes stärken.

Dieselben Lehren von Komplementarität und angemessenem Gleichgewicht gelten für eine Frau mit einer Mehrzahl an weiblichen Zahlen in ihrem Diagramm. Sie muß ihr weibliches Potential nutzen, aber nicht ausschließlich. Zuviel Weiblichkeit hat eine eher negative Wirkung, genauso wie zuviel Männlichkeit. So wie die Erde durch ein Gleichgewicht von Sonne und Mond geschützt und erhalten wird, brauchen wir ein Gleichgewicht von Männlichem und Weiblichem.

Angemessenes Anerkennen Ihrer Männlichkeit wird Ihre Weiblichkeit stärken. In beiden Fällen ist deutlich, daß der Gegensatz des Männlichen und des Weiblichen ein komplementärer ist.

Das Studium der Numerologie und das Studium des Lebens sind im Grunde ein und dieselbe Disziplin. Durch die Beschäftigung mit der Numerologie bzw. mit dem Leben erfahren wir, daß wir alle Potentiale von Männlichem *und* Weiblichem haben. Einige Potentiale sind uns leichter als andere zugänglich. Sehr oft sind jedoch genau die Potentiale am wertvollsten, an deren Realisierung wir am härtesten arbeiten müssen. Gleichgültig, welchen Geschlechts Sie sind – Sie haben sowohl männliches als auch weibliches Potential. Eine intensive Beschäftigung mit den Zahlen kann Ihnen helfen, diese Potentiale zu verwirklichen.

Kapitel 4

Ihre persönliche Namenszahl

Im Anfang ...

> Im Anfang war das Wort, und das Wort war bei Gott, und
> Gott war das Wort.
> *Joh. 1,1*

Überall in der Welt gibt es wunderbare, phantastische und anschauliche Legenden, Mythen, Geschichten und Erzählungen, die die Schöpfung der Welt als ein Ereignis beschreiben, bei dem Ton, Musik, Schwingungen und *das Wort* mitwirkten: »Im Anfang war das Wort, und das Wort war bei Gott, und Gott war das Wort.« Diese Auffassung der Schöpfung ist durchaus nicht nur für die christliche Tradition kennzeichnend.

In alten Hinduschriften wird vom *Lied der Schöpfung* gesprochen, wobei häufig auch auf *Das Wort* angespielt wird, welches in der alten Sanskritsprache OM oder A-U-M hieß. Es ist wichtig festzuhalten, daß Sanskrit eher ein Lautsystem war als eine geschriebene Sprache. Namen, Sprache, Lieder, Lobpreisungen und Mantras waren dem Hindu in früheren Jahrhunderten heilig, denn »alles ist Schwingung, und alle Schwingung ist heilig«. Man glaubte, daß diese Schwingung aus Gott oder *Brahma* hervorginge. Klang und Schwingung sind deshalb alles. Dieser Glaube wird klar in der *Vakya Padiya* ausgedrückt: »In diesem Universum gibt es keine Erkenntnis, die nicht durch Klang wahrgenommen wird; Wissen ist von Klang durchdrungen; das ganze Universum ist nichts anderes als das Ergebnis des Klanges.«

Das Wort gehört auch zur afrikanischen Mythologie. In dem Buch *The Origin of Life and Death* (Der Ursprung des Lebens und des Todes), herausgegeben von Ulli Beier, findet sich folgende Passage:

Der Himmel war groß, weiß und sehr klar. Er war leer; es gab keine Sterne und keinen Mond; nur ein Baum stand in der Luft, und ein leiser Wind wehte. Dieser Baum ernährte sich von der Atmosphäre, und Ameisen lebten auf ihm. Wind, Baum, Ameisen und Atmosphäre wurden von der Kraft des Wortes beherrscht. Aber das Wort war nichts, das man sehen konnte. Es war eine Kraft, die ein Ding befähigte, ein anderes zu schaffen.

Auch im Tao-te King, dem »Buch der Bücher« der östlichen Philosophie, werden der Klang, die Schwingung und das »Benannte« als »im Anfang ...« aktiv mitwirkend erwähnt:

Das Namenlose war der Anfang von Himmel und Erde;
Das Benannte war die Mutter der unzähligen Geschöpfe.
Tao-te King, Kapitel 1

Das *Tao-te King* rät auch, daß man als weiser Mensch die Kraft hinter den Wörtern und Namen respektieren und daß man Wörter nur sehr selten verwenden solle: »Wörter nur selten zu verwenden, soll natürlich sein«, wird uns gesagt.

Die Mythologien, Philosophien und Religionen der Welt nennen zahlreiche Beispiele, die die Bedeutung und Heiligkeit hervorheben, die dem »Wort«, der Schwingung, dem Klang und dem »Benannten« zu eigen sind. Ähnliche Beispiele gibt es in den nordamerikanischen, griechischen und ägyptischen Überlieferungen. Die Menschen Nordamerikas, Griechenlands und Ägyptens meinten, die Kräfte der Schöpfung, des Magischen, des

Heilens und des Glücks seien in der schwingenden Kraft enthalten, die von Wörtern und Namen aktiviert und weitergegeben werden kann.

Was verbirgt sich in einem Namen?

> Julia: Abhängigkeit ist heiser, wagt nicht laut
> Zu reden, sonst zersprengt' ich Echos Kluft.
> Und machte heis'rer ihre luft'ge Kehle
> Als meine, mit den Namen Romeo.
> Romeo: Mein Leben ist's, das meinen Namen ruft.
> *William Shakespeare, Romeo und Julia, 2. Akt, 2. Szene*
> *dt. v. A. W. Schlegel und Ludwig Tieck*

Alles ist nach Zahlen geordnet. Alles unterliegt nicht nur den Schwingungsgesetzen, sondern auch den Gesetzen der Zahlen. Auch die Namen unterliegen diesen Gesetzen. Daß die ganze Welt mit Hilfe der Philosophie und der versteckten Bedeutung der Zahlen beschrieben, interpretiert und verstanden werden kann, ist das Grundgesetz der Numerologie. *Alles ist nach Zahlen geordnet.* In der Numerologie hat jeder Name eine Zahl, und jede Zahl hat einen Namen. Ein Name ist Träger einer inneren Bedeutung, einer versteckten Bedeutung und einer persönlichen Weisheit. Heute ist unser Name nur mehr ein Etikett; in der Vergangenheit war ein Name unsere Identität. Heute wählen wir einen Namen, weil er gut klingt, uns gefällt und wir ihn achten; in der Vergangenheit wurde ein Name unter anderem wegen seiner Schwingungseinheiten gewählt – und dort, wo Numerologie praktiziert wurde, wegen seines numerologischen Potentials.
In der Numerologie ist die Schwingung eines Namens von höchster Wichtigkeit. In einigen Überlieferungen galt der Name als ein persönlicher Schlüssel zu Erleuchtung, Freiheit und Aufstieg.

Jeder Name wurde mit einem *Mantra* oder einem Gebet gleichgesetzt. Wenn man ihn nur oft genug wiederholte, so meinte man, könne man seine Kräfte aktivieren. So behauptete Alfred Lord Tennyson, ein englischer Dichter des neunzehnten Jahrhunderts, daß er seinen Namen nur häufig genug wiederholen müsse, um sich zum Schreiben zu motivieren.

In einigen Kulturen glaubte man, daß man mit dem Beschwören des Namens eines Menschen auch die Kraft jenes Menschen beschwören könne. Wenn man also über den Namen eines Menschen, eines Tieres, Baumes oder Steines meditiere, könne man die entsprechenden Eigenschaften des Menschen, Tieres oder Dinges spüren und annehmen. Dies sei deshalb möglich, weil *alles* [Zahlen eingeschlossen] *Schwingung ist und alle Schwingung eins ist.*

Über die Schwingung und die Bedeutung des eigenen Namens nachzudenken und zu meditieren wurde in unserer frühen Vergangenheit bisweilen als ein religiöses Ritual betrachtet. Dieses Ritual sollte den Weg zur Selbsterkenntnis, Selbstbeherrschung und Selbstverwirklichung ebnen. Die Zahl seines Namens zu kennen war ein seltenes Privileg. Aus diesem Grunde wurde sie nur jenen zugänglich gemacht, die schon durch einen Initiationsritus hindurchgegangen waren.

Im Rittertum und der abendländischen Heraldik galt der eigene Name als Wappen. Die Ehre des eigenen Namens zu verteidigen war eine wichtige, lebensnotwendige Aufgabe, nicht zuletzt weil man diesen Namen an die Nachkommen weitergab. Der Name war nicht das persönliche Eigentum einer einzelnen Person, man war nur sein Wächter. Die Kraft und das Potential des eigenen Namens konnte dem Menschen nur so gut dienen, wie er selbst sich um diese Kraft und dieses Potential bemühte.

In vielen östlichen Kulturen nehmen Menschen einen Namen im Rahmen eines Aufnahmeritus in einen religiösen Orden, einer religiösen Kirche oder Sekte an. Das ist beispielsweise bei den

Sufis, den Tibetern, den Buddhisten und den Yogis der Fall. Auch die nordamerikanischen Indianer machten sich die Kraft der Namen zunutze. Wenn sie einem Menschen einen neuen, spirituellen Namen gaben, bekam diese Person eine neue Energie, Schwingung und Kraft. Dieser Name wird oft mit einem Gott, einer Göttin oder einem Archetypus verglichen, der einen Menschen auf seinem Weg helfen, beschützen und inspirieren wird. Ein spiritueller Name ist auch eine ständige Mahnung an die ursprüngliche, spirituelle Identität eines Menschen: *Beschwören Sie diesen Namen, und Sie beschwören die entsprechende seelische Kraft.*

Chronologische Ordnung

Obwohl auch die Kraft, die Schwingung und der Sinn, die in einem Namen enthalten sind, für wichtig erachtet werden, tendiert die Numerologie dazu, den Daten mehr Bedeutung beizumessen. Dafür gibt es einige wesentliche Gründe; einer davon ist, daß *Namen der Veränderung unterworfen sind, während Daten gleichbleiben.*

Sie können, wenn Sie es wollen, Ihren Namen per Gesetz ändern. Und außerdem werden Sie in Ihrem Alltag wahrscheinlich auf mehrere verschiedene Namen reagieren. Ihr voller Name steht auf Ihrer Geburtsurkunde. Sie werden manchmal bei Ihrem Vornamen genannt, häufig aber bei Ihrem Nachnamen. Sie haben vielleicht einen Spitznamen und mehr als einen Kosenamen. Sie haben vielleicht einen Mädchennamen und einen Ehenamen; heute gibt es viele Frauen, die einen Doppelnamen tragen.

In manchen Ländern ist es üblich, den Namen spielerisch zu verändern, um Zuneigung, Wünsche, Überlegenheit, etc. auszudrücken. So kann etwa im Polnischen der Name Lilla beispielsweise in Lilusia, Lileczka, Lilcia, Lilunia, Lilka, Liuncia und so weiter abgewandelt werden! Solche Veränderungen sind beim Geburtsdatum unmöglich. Der deutsche Dichter Bertolt Brecht schrieb einmal: »Lassen Sie Ihr Handeln nicht durch einen Namen bestimmen. Ein Name ist ein ungewisses Ding, auf das Sie nicht zählen können« *(Mann ist Mann, 1927)*. Namen sind wichtig, aber Daten sind immer wichtiger.

Um die numerologische Kraft und das Potential Ihrer Namen einzuschätzen, ist es am besten, in chronologischer Ordnung vorzugehen. Als erstes auf Ihrer Liste steht deshalb Ihr voller Name, wie er in Ihrer Geburtsurkunde angegeben ist. Es folgt der Name, auf den Sie am häufigsten hören. Wenn Sie Johannes heißen, dann reagieren Sie vielleicht auf Johannes, Hannes, Hänschen oder auf mehrere andere Namen. Oder Sie reagieren auf Herr Müller oder Dr. Müller? Dann müßten Sie das Wort »Herr« bzw. die Buchstaben »D« und »r« in Ihre Gleichungen einschließen. Vielleicht haben Sie auch einen Spitznamen?

Wenn Sie Ihren Mädchennamen bei der Heirat aufgegeben haben, dann sollten Sie diesen mit Ihrem neu angenommenen Namen vergleichen. Wenn Sie sich entschieden haben, Ihren Mädchennamen zu behalten, dann überlegen Sie, warum. Für alles, was wir tun, gibt es Gründe. Die meisten unserer Entscheidungen werden weniger durch unser rationales Denken als durch unser Unterbewußtsein und unsere Gefühle bestimmt.

Oft treffen Sie eine solche Entscheidung einfach nach Ihrem Gefühl: etwas fühlt sich richtig an. Indem Sie die Zahl hinter dem Namen herausfinden, erfahren Sie möglicherweise, warum sich etwas für Sie richtig »anfühlt«.

Was die Bedeutung angeht, die Sie Ihrer *persönlichen Namenszahl* beimessen sollten, so gilt der Rat, den wir Ihnen für Ihre Geburtsstunde gegeben haben, auch hier! Sie sollten der Zahl Ihres Namens besondere Aufmerksamkeit schenken, wenn

a) diese Zahl dieselbe ist wie Ihre persönliche Zahl,

b) diese Zahl dieselbe ist wie Ihre Schattenzahl,

c) diese Zahl Potentiale aufzeigt, die Sie in Ihrer persönlichen Namenszahl nicht haben, oder

d) diese Zahl das am häufigsten vertretene Potential in Ihrem ausgefüllten Numerologiediagramm ist.

Eine weitere hilfreiche Richtlinie für Namen in der Numerologie ist, daß der Name, mit dem Sie andere oder sich selbst identifizieren und den Sie und andere am häufigsten verwenden, die aktive Namensenergie in Ihrem Leben ist. Folglich sollten Sie diesen Namen heranziehen, um Ihre Namensschwingung oder Ihre persönliche Namenszahl zu errechnen. Der am häufigsten benutzte Name ist meistens der Name, auf dem Sie »mitschwingen«. Diese Schwingung kann durch die Sprache der Zahlen möglicherweise entziffert und übersetzt werden.

Persönliche Zahlensignaturen

1. Ehrgeiz
2. Intuition
3. Vernunft
4. Wille
5. Menschlichkeit
6. Weisheit
7. Liebe
8. Geist
9. Unterscheidungsvermögen

Die pythagoräische Formel

Der griechische Philosoph und Mathematiker Pythagoras schuf das *pythagoräische Diagramm,* um die Zahlen hinter den Namen zu identifizieren. Das Diagramm schreibt die Buchstaben des Alphabets jeweils einer der neun Grundzahlen zu. So schwingen die Buchstaben A, J und S jeweils zu der Kraft der Eins, die Buchstaben B, K und T werden von der Kraft der Zwei gestützt, die Kraft der Drei steht im Zusammenhang mit den Buchstaben C, L und U, und so fort.

1	2	3	4	5	6	7	8	9
A	B	C	D	E	F	G	H	I
J	K	L	M	N	O	P	Q	R
S	T	U	V	W	X	Y	Z	

Ihre persönliche Namenszahl herauszufinden ist eine relativ simple mathematische Aufgabe. Ersetzen Sie die Buchstaben Ihres Vornamens durch die Zahlen entsprechend dem Diagramm, addieren Sie sie, und Sie erhalten so eine Zahl, der Sie die auf die gleiche Weise ermittelte Summe aus den Buchstaben Ihres Nachnamens hinzuaddieren. Diese Summe ergibt dann Ihre persönliche Namenszahl.

Nachdem wir in Kapitel 2 die persönliche Geburtstagszahl Walt Disneys ermittelt haben, wollen wir jetzt errechnen, welche Zahlen hinter dem Namen Walt Disney verborgen sind.

W A L T
5 + 1 + 3 + 2
= 11: 1 + 1 = 2

D I S N E Y
4 + 9 + 1 + 5 + 5 + 7
= 31: 3 + 1 = 4
Namenszahl: 4 + 2 = **6**

Walt Disneys persönliche Namenszahl ist die Kraft der Sechs, das Symbol für Weisheit und Erkenntnis. Walt Disney hat an keiner Stelle seiner persönlichen Geburtstagszahl die Kraft der Sechs, außer als Schattenkraft einer einzigen Drei. Deswegen ist die Zahl Sechs, die seinen Namen stützt, für ihn vielleicht ein nützliches Instrument zur Herstellung eines Ausgleichs gewesen. Daß Walt Disney Weisheit anstrebte, steht außer Zweifel.

Der Numerologe ist gewiß fasziniert von den fünf Einsen, die beim Herausfinden von Walt Disneys persönlicher Namenszahl in Erscheinung treten. Die Eins spielt offenbar eine wichtige Rolle, ebenso wie die zwölf Einsen, die in den Berechnungen für Walt Disneys persönlicher Geburtstagszahl auftauchen. Ein Numerologe würde die Zahl Eins, die aufgrund ihres häufigen Auftretens zweifellos als Kandidat für einen *vorherrschenden Einfluß* gelten kann, neben Walt Disneys eigentlicher Namenszahl, der Sechs, nicht unberücksichtigt lassen.

Nehmen wir nun ein weiteres Beispiel, diesmal Albert Einstein, den deutsch-amerikanischen Mathematiker und Physiker. Seine persönliche Namenszahl berechnet sich wie folgt:

$$A \quad L \quad B \quad E \quad R \quad T$$
$$1 + 3 + 2 + 5 + 9 + 2$$
$$= 22: 2 + 2 = 4$$

$$E \quad I \quad N \quad S \quad T \quad E \quad I \quad N$$
$$5 + 9 + 5 + 1 + 2 + 5 + 9 + 5$$
$$= 41: 4 + 1 = 5$$
$$\text{Namenszahl} = 4 + 5 = \mathbf{9}$$

Albert Einsteins persönliche Namenszahl ist die Neun, ein Symbol für Gesetz, Unterscheidungsvermögen, Forschergeist und höchste Intelligenz. Es scheint, daß Albert Einstein das Neunerpotential in seinem Leben voll ausgenutzt hat. Der Name (oder die Schwingung) Einstein ist heute in den Köpfen vieler Menschen ein Synonym für Intelligenz. Albert Einstein nutzte seine Intelligenz, um naturwissenschaftliche und mathematische Gesetze zu erforschen. Es gibt bei Albert Einsteins persönlicher Namenszahl aber mindestens zwei weitere interessante Aspekte.

Der erste Aspekt ist das Auftreten von vier Neunen. Die Beziehung der Zahl Vier zur Zahl Neun kann am besten beschrieben werden als Wille (Vier), geleitet von der Suche nach dem Gesetz, der Erforschung und einem sehr intensiven Einsatz. Es ist deshalb höchst wahrscheinlich, daß bei einer solchen Anordnung der Zahlen alle Energie auf die Erforschung von Wahrheit und Gesetz konzentriert wird.

Der zweite Aspekt gilt dem Auftreten von sechs Fünfen. Die Kraft der Fünf ist ein Symbol des Kollektiven, der Gemeinschaft und der Menschlichkeit, und die Kraft der Sechs ist ein Symbol der Weisheit und der Erkenntnis. Sechs Fünfen können deswegen als Weisheit der Menschlichkeit interpretiert werden. Einstein war ein außerordentlich human gesonnener Mensch. Sein Werk *Mein Weltbild* wird beispielsweise als Zeugnis eines zutiefst philosophischen und politisch engagierten Menschen gepriesen.

Nehmen wir ein drittes Beispiel, dieses Mal Carl Gustav Jung, den Schweizer Psychologen. Seine persönliche Namenszahl lautet wie folgt:

$$C \quad A \quad R \quad L$$
$$3 + 1 + 9 + 3$$
$$= 16: 1 + 6 = 7$$

$$J \quad U \quad N \quad G$$
$$1 + 3 + 5 + 7$$
$$= 16: 1 + 6 = 7$$

Namenszahl $= 7 + 7 = 14: 1 + 4 = \mathbf{5}$

Carl Jungs persönliche Namenszahl ist die Zahl Fünf. Das erscheint außerordentlich passend für einen Menschen, der durch seine Theorien vom *kollektiven Menschen* und vom *kollektiven Unbewußten* Berühmtheit erlangte. Wie wir wissen, symbolisiert die Zahl Fünf die Kraft des Kollektiven, der Gemeinschaft und der Menschlichkeit. Carl Jung war ein großer Reisender. Er besuchte viele primitive Kulturen, um aus erster Hand Eindrücke zu gewinnen und Erfahrungen zu machen. Er betrachtete sich selbst als einen Weltbürger. Fünfer haben typischerweise häufig ein starkes Bedürfnis zu reisen und die Welt zu erforschen. Es ist interessant festzuhalten, daß auch dann, wenn wir seinen mittleren Namen, Gustav, zu seiner persönlichen Namenszahl hinzufügen, die Zahl immer noch Fünf ist, denn der Name Gustav ergibt bei der Addition Neun, und Neun addiert zu Fünf sind Vierzehn, $1 + 4 = 5$

Es gibt drei Dreien in Carl Jungs persönlicher Namenszahl. So sind die Kräfte des Verstandes und des Intellekts (Drei) und auch die Kräfte des eifrigen Forschens, des Unterscheidungsvermögens und des Strebens nach Gesetz (drei Dreien ergeben nach Addition Neun) Teil des gesamten Potentials seines Namens. Es ist offensichtlich, daß Carl Jung dieses Potential in seinem Leben nutzte. Es gibt daneben fünf Einsen. Das heißt, daß die Kraft des ehrgeizigen persönlichen Strebens (Eins) wahrscheinlich von der Kraft des Engagements für die Menschheit (Fünf) gespeist worden ist. Carl Jungs Ehrgeiz war kein persönlicher Ehrgeiz; er setzte sich mit aller Kraft für die Sache der Menschlichkeit ein.

Auszeichnungen

Daß eine Gemeinschaft ihren Mitgliedern Auszeichnungen verleiht, ist eine überall auf der Welt verbreitete Praxis. Auszeichnungen für Humanität, Tapferkeit, Loyalität, Adel, geniale Arbeit, Dienst an den Mitmenschen, Führertum oder besondere Verdienste sind ein bekanntes Phänomen. Viele von uns streben nach irgendeiner Auszeichnung oder nach einem Titel.

Es ist häufig zu beobachten, daß Menschen, wenn sie eine Auszeichnung erhalten haben, ihr Verhalten ändern. Der Grund dafür liegt teilweise darin, daß ihr Selbstbild wie auch ihre Verpflichtungen sich ändern. Es hat aber auch damit zu tun, daß sie einen neuen Namen und dadurch eine neue Namenszahl und eine neue Schwingung bekommen haben.

Auch beim Verleihen von Titeln und Auszeichnungen spielte das Ritual in der Vergangenheit eine sehr viel wichtigere Rolle als heute, da man ihm früher große Kraft beimaß. Man glaubte beispielsweise, daß ein Ritual einen Menschen verändern, heilen, erheben und stärken könne. Dabei ging es letztendlich immer um die Manipulation der Kraft – der Kraft, die ständig um uns ist, auch wenn sie niemals gesehen und kaum jemals genutzt wird. Auch bei dem Ritual, mit dem Titel und Auszeichnungen verliehen wurden, ging es nicht so sehr um den Titel, sondern vielmehr um die Kraft und die Schwingung hinter diesem Titel. Diese Kraft und Schwingung interpretieren Numerologen anhand des Systems der Zahlen.

Ortsnamen

Hausnamen, Firmennamen, Namen von Gruppen, Gebäudenamen, Straßennamen und Namen von Dörfern, Städten, Regionen, Ländern, Kontinenten, Planeten, Sonnensystemen und Galaxien können alle entsprechend den Zahlen gelesen und verstanden werden. Alle Dinge haben, wenn sie mit einem Namen versehen sind, eine Kraft, ein Potential und eine Zahl. Dies ist ein Gesetz der Numerologie.

Die ganze Welt ist voller Namen. So liegt es nahe, mit Namenszahlen und ebenso mit Hausnummern, Telephonnummern, Versicherungsnummern, medizinischen Zahlen und so fort herumzuspielen. Ein gute Faustregel ist, sich an die Namen zu halten, die am meisten mit Ihnen zu tun haben, und mit denen Sie in Ihrem Leben am häufigsten in Kontakt kommen.

Wenn Ihnen ein besonderer Name im Ohr klingt, wenn Sie gerne in eine bestimmte Stadt oder in ein bestimmtes Land reisen möchten, wenn Sie Lust haben, in einer bestimmten Stadt, Straße oder in einem bestimmten Haus zu leben, wenn Sie den Wunsch verspüren, Ihrem Haus einen bestimmten Namen zu geben, dann sind das gute Gründe, die Zahl des betreffenden Namens nachzuschlagen. Messen Sie an Ihrer eigenen, bewußten Reaktion, wie wichtig Ihnen der Name ist. Wenn Sie beispielsweise irgendwo hinziehen, weil Ihnen vor allem die Stadt, weniger die betreffende Straße gefällt, dann ist für Sie der Name der Stadt wahrscheinlich bedeutungsvoller.

Es ist auch eine interessante Übung, sich anzuschauen, wie oft Ihre persönliche Zahl oder Ihre Namenszahl in Ihrer Umgebung erscheint. Das erleichtert Ihnen die Antwort auf die Frage, wie einflußreich eine bestimmte Kraft in Ihrem Leben ist. Doch dürfen Sie es auch hier keinesfalls übertreiben. Den Namen Ihrer Katze zu entziffern mag dann akzeptabel sein, wenn dieser Name beispielsweise schon für Sie wichtig war, bevor Ihre Katze geboren wurde. Wenn Sie jedoch sechzehn Katzen, einen Hund und eine Sumpfschildkröte haben, dann liegt es in Ihrem eigenen Interesse, sich diese Mühe zu ersparen!

Kapitel 5

Die Lebenszyklen

Das Leben, das Fließen der Zeit, entwickelt sich durch einen herrlichen und großartigen Bauplan mannigfacher Zyklen. Zeit, die Erfahrung der einzelnen Abschnitte des Lebens, besteht nicht im linearen Erleben einer meßbaren Abfolge streng getrennter Ereignisse, sondern ist vielmehr ein organisches, lebendiges Gewebe aus Erfahrungen und Lehren, die sich eine aus der anderen entwickeln und untereinander in Beziehung stehen. Das ist ein fundamentaler Leitsatz der Numerologie.

Die Vorstellung, das Leben sei eine Ansammlung von Erfahrungen, und diese entwickelten sich in Zyklen oder Phasen, ist nicht ausschließlich der Wissenschaft der Numerologie und auch nicht ihrer Nachbarwissenschaft, der Astrologie, vorbehalten. Eines der bekanntesten Beispiele einer Lebensphilosophie, die auf der Vorstellung von Lebenszyklen aufbaut, stammt von den Hindus und wird als die *Vier Lebensabschnitte* oder *Vier Folgen* bezeichnet. Der erste Abschnitt ist der *Weg des Studenten,* während dem Sie als junger Mensch in die Welt und auch in die grundlegenden philosophischen Lebensprinzipien eingeführt werden. Der zweite Abschnitt ist der *Weg des Haushaltsvorstands,* während dem Sie darauf hinarbeiten, als verheirateter Mann oder verheiratete Frau Ihr Familienleben entsprechend ethischer und moralischer Wertvorstellungen zu gestalten. Der dritte Abschnitt ist der *Weg des Einsiedlers.* Während dieser Zeit ist es Ihr Ziel, durch die inneren Welten zu reisen, das Spirituelle und Poetische, das Philosophische und das Ewige zu bedenken und darüber zu meditieren. Der vierte und letzte Abschnitt ist der *Weg des Asketen,* der beginnt, wenn die Kinder das Nest verlassen haben und die Pflichten als Haushaltsvorstand gänzlich wegfallen. Während dieser Zeit läuft das menschliche Streben darauf hinaus, sich von der physischen Welt abzuwenden und die spirituelle in sich aufzunehmen.

»Neun Leben«

Es gibt im wesentlichen neun Hauptlebenszyklen in der Numerologie, die Sie, entsprechend Ihrer Lebensdauer, jeweils nacheinander durchlaufen. Diese Hauptzyklen lassen sich am besten als *Perioden eines spezifischen Potentials und einer besonderen Möglichkeit* bezeichnen. Jeder Hauptzyklus hat ein Thema, und während der jeweilige Zyklus andauert, wird Ihnen eine Reihe besonderer Erfahrungen und Lehren angeboten, die Ihnen helfen zu wachsen, sich zu entwickeln und zu reifen.

Jeder größere Lebenszyklus wird von einer bestimmten Zahl beherrscht. Der *Physische Zyklus* wird von der Zahl Eins beherrscht, der *Emotionale Zyklus* von der Zahl Zwei, der *Mentale Zyklus* von der Zahl Drei, der *Zyklus der energischen Zielstrebigkeit* von der Vier, der *Kollektive Zyklus* von der Zahl Fünf, der *Weisheits-Zyklus* von der Zahl Sechs, der *Liebes-Zyklus* von der Zahl Sieben, der *Spirituelle Zyklus* von der Zahl Acht und der *Gesetz-Zyklus* von der Zahl Neun.

Auch hier gilt das Grundprinzip der Numerologie, daß keine Zahl isoliert arbeitet. Die herrschende Zahl (und ihr Schatten) sind während der Zeit eines größeren Zyklus ein sehr bedeutendes Potential, jedoch sind sie keinesfalls die einzigen Zahlen, die in dieser Zeit ihren Einfluß ausüben. An erster Stelle steht Ihre persönliche Geburtstagszahl mit ihrem Schatten. Ferner ist der Einfluß Ihrer persönlichen Namenszahl zu berücksichtigen. *Diese beiden Potentiale werden in jedem Fall Ihr Leben begleiten.* Ebenso wie diese Zahlen sind die Zahlen der *kleineren Zyklen* zu beachten, die im Rahmen der individuellen größeren Zyklen wirksam werden. Diese kleineren Zyklen sind die Zyklen des Jahres, der Monate und der Tage. Jedes Jahr Ihres Lebens, jeder Monat und jeder Tag und sogar jede Minute werden von einem Potential beherrscht, das durch eine Zahl symbolisiert wird. In einem späteren Kapitel dieses Buches werden diese Zahlen detailliert besprochen.

Es ist wichtig zu wissen, daß Sie zum Beispiel nicht auf den sechsten größeren Zyklus in Ihrem Leben warten müssen, um Weisheit zu erfahren und zu lernen. Und ebenso können Sie natürlich schon vor Ihrem dritten Zyklus darangehen, Ihr geistiges Potential zu erforschen. *Alle Potentiale sind jederzeit bei Ihnen.* Es geht darum, daß dann, wenn eine Zahl in Ihrem Leben besonders aktiv ist, wie etwa während eines größeren Lebenszyklus, das Potential, das durch diese Zahl symbolisiert wird, eine verhältnismäßig dominante Rolle spielt und deswegen vielleicht für Sie noch bedeutungsvoller und offensichtlicher wird.

Ihr physischer Zyklus

Die Zeit Ihres physischen Zyklus stützt, nährt und fördert das Wachstum und die Reifung Ihres physischen Körpers. Ihr physischer Körper ist ein Vehikel für Ihren Geist und Ihre Seele. Während dieser Zeit werden physische Beweglichkeit, Stärke und besondere Geschicklichkeit entwickelt; diese Qualitäten wiederum stützen Ihr emotionales, geistiges und spirituelles Wachstum. Die Gesundheit Ihres Körpers ist während Ihres physischen Zyklus natürlich sehr wichtig.

Ihr physischer Zyklus dauert von der Zeit Ihrer Geburt bis zum 18. Lebensjahr einschließlich. Während dieser Zeit kann, wenn die richtigen Voraussetzungen gegeben sind, das Potential, das durch die Zahl Eins symbolisiert wird, sehr gut aktiviert werden.

Die Zahl Eins wird traditionell mit Leben, Lebenskraft, Lebenstrieb, Kundalini, Höhepunkt sowie mit Geburt und Wiedergeburt in Verbindung gebracht. Sie steht auch traditionell für das Eingehen des Geistes in die Materie.

Der physische Zyklus und die Kraft der Zahl Eins markieren eine Zeit der Ankunft, der Anfänge und des Aufbaus der Lebensgrundlagen. Während dieser Zeit werden Sie von den Potentialen um Sie herum in Ihre physische Existenz geführt. Sie tauchen gründlich ins Leben ein und machen Ihre Erfahrungen weitgehend mittels Ihrer physischen Sinne. Besonders zu Anfang der Entwicklung der Menschheit sicherte die physische Geschicklichkeit das physische Überleben.

Die Zeit Ihres physischen Zyklus ist auch eine Zeit der »ersten Male«. Erfahrung *aus erster Hand* und *erste Versuche* sind Ihre Lehrer; *an erster Stelle zu kommen* und *zuerst dranzukommen* sind vielleicht Ihre wichtigsten Ziele. *Wer zuerst kommt, mahlt zuerst,* ist eine wichtige Lebensregel dieser Zeit; *erste Eindrücke* bestimmen wahrscheinlich Ihre Reaktionen, und vielleicht mehr als zu irgendeiner anderen Zeit Ihres Lebens sind Sie *für sich selbst der Mittelpunkt der Welt und die Nummer Eins.* Die Zeit Ihres physischen Zyklus birgt vielleicht noch weitere »Premieren«, wie zum Beispiel Ihr erstes Auto, Ihre erste Arbeitsstelle oder die erste Liebe.

Physische Tüchtigkeit und beispielsweise Erfolg im Sport sind möglicherweise während dieser Zeit ein besonders kennzeichnender Aspekt Ihres Lebens. Wenn Sie ein begeisterter Sportler sind, werden vielleicht auch noch in späteren Jahren Sport und Entspannung in Ihrem Leben eine große Rolle spielen. Während Sie die verschiedenen Lebenszyklen durchleben, werden Sie aber merken, daß Ihre Einstellung zu und Ihr Vorgang mit den Dingen sich im Laufe der Zeit ändern. Zum Beispiel werden Sie vielleicht in Ihrem dritten Zyklus Ihre Lebensaufgaben von einer eher intellektuellen, nachdenklichen und auf gute Planung bedachten

Position aus anpacken, und während Ihres vierten und fünften Zyklus werden Sie sich eher dem Führen anderer Menschen, dem Aufbau einer Gruppe und dem Management zuwenden.

Der physische Zyklus stärkt und fördert in uns allen die positiven Eigenschaften der kindlichen, bedingungslosen Liebe, der Unschuld, der Bewunderung und Dankbarkeit. In der Kindheit und in der Zeit des physischen Zyklus verfügen wir meist über ganz spezifische positive Eigenschaften und Kräfte; Originalität, Kreativität, Vertrauen, Freude, Lebenshunger, Schwung, Begeisterung und Hoffnung stärken uns und helfen uns zu wachsen. Wir machen jedoch häufig den Fehler, diese positiven, stärkenden Qualitäten später im Leben, wenn sie uns sehr nützlich sein könnten, zu vernachlässigen.

Während der Zeit des physischen Zyklus machen sich viele junge Menschen an die Aufgabe, den Verlauf und die Richtung ihres Lebens zu planen. Nach und nach entsteht ein erster grober Zukunftsentwurf. In dieser Zeit versuchen wir vor allem, das Leben in unserem Sinne zu beeinflussen. Wir streben nach Erfolg und wünschen uns, daß auch unsere Mitmenschen uns als erfolgreich wahrnehmen. Materielle Bedürfnisse, das Streben nach Reichtum, körperliche Attraktivität und Träume von Ruhm und Glück sind in dieser Zeit wesentliche Elemente des Lebens.

In der Phase des physischen Zyklus werden Sie aber gewiß auch erste spirituelle Einsichten in das Leben gewinnen. Das ist möglicherweise besonders dann der Fall, wenn Sie in Ihrem Diagramm vorwiegend von der Zahl Acht, der Schattenzahl der Eins, beeinflußt werden. Im achtzehnten Lebensjahr treffen sich die Zahl Eins (physisch) und die Zahl Acht (spirituell) und werden von einer Neun ($1 + 8 = 9$: Gesetz) beherrscht.

Das Spirituelle taucht in Ihrem Leben vielleicht zum ersten Mal etwa im Alter von ungefähr achtzehn Jahren oder ein wenig früher auf. Deshalb kann dies eine Zeit der physischen, emotionalen, mentalen und spirituellen Verwirrung sein. Unschlüssigkeit oder plötzliche Richtungswechsel sind in diesem Alter relativ häufig. Wieder einmal hängt viel von den in Ihrem Leben vorherrschenden Bedingungen, den in Ihrem Diagramm vorherrschenden Zahlen und auch von den Erfahrungen und Lektionen der Vergangenheit ab.

Der physische Zyklus bildet Ihren Eintritt in die Welt. Dies ist eine Zeit, in der die Kraft und das Potential der Eins besonders aktiv sind und Ihnen helfen, Ihre Identität zu finden, Ihr Verständnis zu fördern, Ihr unmittelbares Potential zur Reifung zu bringen und einen festen Stand für die Zukunft zu gewinnen. *Ein Gebäude kann nur so stark sein wie seine Fundamente,* und deswegen hat der Einfluß Ihres ersten größeren Zyklus eine besonders tiefe Wirkung auf Sie. *Das Kind, das Sie waren, hat dabei geholfen, Sie zu dem Erwachsenen zu machen, der Sie sind.*

Ihr emotionaler Zyklus

Ihr emotionaler Zyklus ist der zweite Hauptzyklus Ihres Lebens. Er umfaßt die neun Jahre von 19 bis 27. Im Gegensatz zum physischen Zyklus, der von einem männlichen Potential beherrscht wird, wird Ihr emotionaler Zyklus von einem weiblichen Potential beherrscht, wie es die Zahl Zwei symbolisiert. Das Potential der Zwei läßt sich während des emotionalen Zyklus leicht verwirklichen, allerdings sowohl auf positive als auch auf negative Weise.

In diesem Zyklus streben Sie danach, auf den Errungenschaften des ersten, physischen Zyklus aufzubauen. Erfolge und Stärken, Schwächen und Niederlagen – alles in Ihrem Leben wird von einem Zyklus zum nächsten weitergegeben. In jedem der Zyklen werden Sie Erfolge und Mißerfolge haben und teils Gewinne, teils Verluste verzeichnen. Die Lehre der Numerologie sagt eindeutig, daß *keine Zahl und kein Zyklus für sich allein stark ist.*

Ähnlich wie der physische Zyklus oft eine Zeit der »Premieren« ist, ist Ihr emotionaler Zyklus oft ein Zyklus der »Wiederholungen«. Sie entdecken vielleicht, daß Sie während dieses Zyklus von einem *zweiten Energieschwung* vorangetrieben werden. Andererseits kann dies eine Zeit der Selbstzweifel, innerer Verwirrung, Desorientierung und des Überprüfens sein. Viele von uns müssen ihre bittersten Lektionen während dieses emotionalen Zyklus lernen. Das Erleben einer *zweiten Kindheit* ist ebenfalls nicht ausgeschlossen.

In der Zeit der Zwei werden Sie als Individuum sich häufig mit einem anderen, zweiten Menschen verbinden. Während des physischen Zyklus lag die Betonung gewöhnlich auf Ihrem individuellen Selbst. Sie waren im wesentlichen jung, frei und allein. Im emotionalen Zyklus verlagert sich das Schwergewicht und konzentriert sich auf Anschluß, Verbindung und Beziehung.

Während Ihre Beziehungen im physischen Zyklus wahrscheinlich im wesentlichen auf physischer Anziehung basieren, werden Ihre Beziehungen im emotionalen Zyklus eher auf Einfühlung und gefühlsmäßige Nähe gegründet sein. Emotionales Wachstum ist dabei häufig schmerzhaft und kann Wunden schlagen. Den emotionalen Zyklus zu durchleben kann bedeuten, Widerständen zu begegnen. Deswegen ist der Wunsch nach emotionaler Stabilität, Geborgenheit und Beruhigung in dieser Zeit vielleicht besonders stark. Es kann zwar zuweilen angemessen sein, sich von den eigenen Gefühlen leiten zu lassen, aber es ist sehr wichtig, dafür zu sorgen, daß man von ihnen nicht beherrscht wird.

Die Kraft der Zwei symbolisiert ein Potential der Dualität. Deshalb kann der zweite Zyklus Ihres Lebens leicht zu einer Zeit der Spannung und des Aufruhrs werden. Dies ist besonders dann der Fall, wenn Sie noch nicht mit sich selbst im reinen sind. Während dieses Zyklus müssen wir alle versuchen, die Frage zu klären: *Wie kann ich erwarten, mit einem anderen Menschen in Harmonie zu leben und ihn zu lieben, wenn ich es noch nicht einmal schaffe,*

mit mir selbst im Einklang zu leben und mich selbst zu lieben?
Auf der anderen Seite merken viele Menschen, daß sie dann,
wenn eine Beziehung offen, vertrauensvoll und kreativ ist, in der
Zeit der Zwei unabhängiger werden können als in der Zeit der
Eins. Indem wir für andere sorgen und andere lieben, merken wir
oft, daß wir für uns selbst viel besser sorgen und uns selbst mehr
lieben können. Dies ist vor allem bei solchen Menschen der Fall,
die in ihrem Diagramm besonders stark von der Kraft der Sieben,
die ein Potential für bedingungslose Liebe symbolisiert, beeinflußt werden.

Ihre weibliche Natur anzuerkennen kann im zweiten Hauptzyklus
Ihres Lebens entweder eine Phase der Prüfungen und Schwierigkeiten oder eine Offenbarung und Quelle großen Glücks bedeuten. Kreativität, Sensibilität, Intuition, Inspiration und Seelentiefe
können während dieser Zeit sehr stark ausgeprägt sein, besonders
wenn Sie es zulassen, daß diese Potentiale durch Sie hindurchfließen. Emotionale Erfahrung, sei sie nun schmerzhaft oder
angenehm, ist häufig die Inspirationsquelle für Kunst, Philosophie, Dichtung und Weisheit.

Das Weibliche in uns ist der Bereich, in dem unsere Seele und
unsere übersinnlichen Dimensionen beheimatet sind. Wir beschreiben die Menschen, die übersinnliche Kräfte haben, als
Menschen mit der Gabe des *Zweiten Gesichts.* Sehr oft beginnt
man im zweiten Hauptzyklus des Lebens, sich auf die übersinnlichen und spirituellen Dimensionen des Selbst einzustellen. Das
Spirituelle kann, wenn Sie in Ihrem numerologischen Diagramm
wesentlich von den Zahlen Fünf, Sechs, Sieben, Acht und/oder
Neun beeinflußt werden, äußerst bedeutungsvoll für Sie werden.
Im Alter von siebenundzwanzig treffen sich die Zahl Zwei und
die Zahl Sieben. Sie werden von der Neun beherrscht, und deshalb ist das siebenundzwanzigste Jahr in Ihrem Leben häufig eine
Zeit, in der die Dinge deutlich erkannt werden und in der sehr
weitreichende Entscheidungen getroffen werden.

Die Folgen und Konsequenzen dieser Entscheidungen werden Sie häufig ein Leben lang begleiten. Der zweite Zyklus unseres Lebens ist eine extrem fruchtbare Zeit. Unsere Persönlichkeiten, unsere guten und schlechten Charakterzüge werden durch emotionale Erfahrungen geformt. Wenn wir unsere Gefühle so gut es geht kontrollieren, so wird uns das helfen, einen größeren Teil des Potentials unserer zukünftigen Zyklen zu verwirklichen. Wie der physische Zyklus ist der emotionale Zyklus ein weiterer Grundlagenzyklus für diese Welt.

Ihr geistig-intellektueller Zyklus

In den neun Jahren zwischen dem Alter von achtundzwanzig bis sechsunddreißig durchleben Sie den dritten Hauptzyklus Ihres Lebens, den geistig-intellektuellen Zyklus.
Während des dritten Zyklus wird sich der Schwerpunkt Ihres Lebens wieder verlagern, diesmal in Richtung auf die Welt des Geistigen und die Entwicklung und Reifung Ihrer geistigen Fähigkeiten. In dieser Zeit nehmen die geistige Leistung und die geistigen Fähigkeiten häufig außerordentlich stark zu. Wenn auch noch die Zahlen Drei oder Sechs in Ihrer persönlichen Geburtstagszahl oder Ihrer persönlichen Namenszahl vorherrschen, dann wird die Betonung geistigen Erfolgs und geistiger Werte nur um so größer sein – vielleicht ein wenig zu groß! Das Potential der Drei, das während Ihres dritten Zyklus dominiert, ist eine männliche, initiierende und expansive Energie. Es ist ein Potential, das oft mit Erfolg, der Einstellung »beim dritten Anlauf gelingt's«, und auch mit Zufriedenheit durch harte Arbeit in Zusammenhang gebracht wird. Es kann leicht geschehen, daß in dieser Zeit Erfolg im geistigen Bereich mit geistiger Überlegenheit gleichgesetzt wird. Ehrgeiz, Stolz, Habgier, Prahlsucht und Arroganz sind verbreitete Laster, die oft mit zu vielen Dreien oder mit einem

Ungleichgewicht in der Zeit der Drei einhergehen. Wenn es uns nicht gelingt, das Dreierpotential zu kontrollieren, wird man uns bisweilen zu Recht den Vorwurf machen, zu sehr auf unseren eigenen Vorteil bedacht zu sein und uns allzu häufig von Egoismus bestimmen zu lassen. Davor müssen wir uns hüten!

Während Ihres ersten Zyklus ist physische Anziehung oft die wichtigste Motivation und Quelle der Freude in Beziehungen; während Ihres zweiten Zyklus sind Einfühlung und Zuneigung die Pfeile, die Amor aus seinem Köcher holt; während des geistig-intellektuellen Zyklus jedoch ist es oft die befruchtende Begegnung zweier geistiger Welten, die uns beglückt. Zwar ist geistige Anziehung nicht ausschließlich auf den dritten Lebenszyklus beschränkt, jedoch gibt es eine starke Tendenz und ein deutliches Potential dafür, daß geistige Wertschätzung und geistiger Zusammenhalt während dieser Zeit – oder anderen – Zeiten der Drei eine führende Rolle spielen.

Wenn Sie und Ihr Partner die verschiedenen Lebenszyklen gemeinsam durchschreiten, kann Ihre Beziehung immer erfüllter und beglückender werden. Erst wenn in einer Beziehung physische, emotionale und geistige Anziehung gleichermaßen vorhanden sind, fühlen sich die beiden Partner wirklich einander verbunden. Eine geistige Partnerschaft ist für den langfristigen Erfolg in Beziehungen meist lebenswichtig. Es kann jedoch ein Fehler sein, dem Geistigen eine allzu dominante Rolle zuzugestehen.

Wir müssen zugeben, daß wir zuweilen alle dazu neigen, zu intensiv oder zu lange auf der geistig-intellektuellen Ebene zu verweilen. Gefühle sind oft gefährlich; der Geist erscheint als ein sicherer Hafen. Aber tief in unserem Herzen wissen wir, daß eine Partnerschaft mit einem Übergewicht des Geistigen und einem Mangel an Gefühlen selten eine gute Basis für Erfüllung ist. In rein geistigen Sphären zu leben mag vielleicht sicher erscheinen, aber manchmal sollten wir uns fragen: *Ist es wirklich erfüllend, nur im intellektuellen Bereich zu leben?*

Während des dritten Lebenszyklus zeigt sich möglicherweise auch eine Tendenz, dem Rationalen, Logischen und Analytischen zu erlauben, das Intuitive, Instinktive und Phantasievolle zu verdrängen. Das Rationale erscheint sicher, das Intuitive allzu risikoreich. Aber: *Wenn wir kein Risiko eingehen, dann können wir auch nichts gewinnen.*

Mit Sechsunddreißig kommt die Zeit, da die Zahl Drei (geistig) ihrer Schattenzahl Sechs (Weisheit) begegnet; beide werden von der Zahl Neun (3 + 6 = 9: Gesetz) beherrscht. Häufig ist dies eine günstige Phase für geistiges und persönliches Wachstum, Entwicklung und innere Verwandlung.

Ihr dritter Lebenszyklus ist für die Entwicklung des Geistes und des Verstandes lebenswichtig. Wie jeder andere Zyklus in Ihrem Leben birgt er gewisse Erfahrungen und Lektionen. Er kann eine Zeit von großem Wachstum und persönlichem Erfolg sein. Der Geist weist den Weg, indem er reift, stärker wird und sich entwickelt. Jedoch *macht Ihr Geist nicht Ihre ganze Persönlichkeit aus.* Verhindern Sie dabei, daß Ihr Geist Ihre seelischen, emotionalen, weiblichen und kreativen Anlagen in den Schatten stellt. Wirkliche geistige Stärke bedeutet, daß Sie sich sämtlicher Dimensionen Ihrer Persönlichkeit bewußt werden und sie integrieren.

Ihr Zyklus der engagierten Zielstrebigkeit

Ihr vierter Hauptlebenszyklus ist der Zyklus der engagierten Zielstrebigkeit, der neun Jahre, von siebenunddreißig bis einschließlich fünfundvierzig, dauert. Sie haben nun die drei ersten Hauptzyklen Ihres Lebens durchreist, Erfahrungen gesammelt, Lektionen gelernt und Stärken – physische, emotionale und geistige – entwickelt. Nun, in Ihrem vierten Hauptlebenszyklus, haben Sie die Chance, diese Stärken zu vereinigen und sich mit Engagement und Zielstrebigkeit Ihrem Lebensplan zu widmen.

Die neun Jahre Ihres vierten Hauptlebenszyklus können für Sie in allen Bereichen Ihres Lebens sehr produktiv werden. Ihre Willensstärke gibt Ihnen die Kraft und Entschlossenheit, sich in einer reiferen und beständigeren Weise als je zuvor für bestimmte Ziele einzusetzen. In diesen Jahren werden Sie lernen, daß die Arbeit einer der faszinierendsten Schlüssel zu Erfolg und Glück ist.

Sie werden vielleicht auch merken, daß Sie neben größerer Stärke und Entschlossenheit auch mehr Weitblick und einen genaueren Richtungssinn entwickeln. Sie hatten inzwischen viel Zeit, darüber nachzudenken, was Sie wirklich mit Ihrem Leben anfangen wollen, und nun merken Sie vielleicht, daß Ihre Begeisterung, Ihre Hingabe und Ihr Engagement für eines oder mehrere Anliegen Ihre größten Stärken sind. Sie sind bereit, hart zu arbeiten, und darüber hinaus wissen Sie, wofür Sie dies tun wollen.

Intensive und angestrengte Arbeit hat eine wunderbar befreiende Wirkung; allerdings kann die ausschließliche Konzentration auf die Arbeit Ihnen viele Lebensmöglichkeiten verbauen. Hüten Sie sich davor, zu einem Workaholic zu werden! Der Wunsch nach Erfolg liegt uns manchmal mehr am Herzen als der Wunsch, gut und intensiv zu leben. Wenn wir arbeitstüchtig sind, erfassen wir nur einen Bruchteil der Fülle, die das Leben uns bietet. Denken Sie einmal an die Qualität Ihres Lebens. Was bedeutet Qualität für Sie? Bekommen Sie genug davon? *Heute werde ich an die Qualität denken.*

Sie werden merken, daß sich Ihre Lebenseinstellung während des vierten Lebenszyklus ändert. Wenn Sie bis dahin den Eindruck hatten, ein Opfer des Lebens zu sein, fühlen Sie sich jetzt möglicherweise bereit, die Rolle des Meisters zu übernehmen. Jetzt ist die Zeit, die eigenen Stärken und Schwächen einzuschätzen und beides zu nutzen, um sich im Leben voranzubringen. Ihre Schwächen sind nur dann Hindernisse, wenn Sie sie nicht richtig einzusetzen wissen. Nehmen Sie sich Zeit herauszufinden, welches diese Schwächen sind, und wie genau Sie von diesen Schwächen beeinflußt werden – Sie werden dann merken, daß Sie sie in immer stärkerem Maße kontrollieren und in immer geringerem Maße von ihnen kontrolliert werden.

Die Kraft der Vier beherrscht Ihren vierten Zyklus. Er ist traditionell mit den geometrischen Figuren des Kreuzes und des Quadrats – die beide in den Kulturen der ganzen Welt als Symbole der Unterstützung, des Fundaments und des Bauens bezeichnet wurden – verbunden. Während Ihres vierten Lebenszyklus merken Sie vielleicht stärker als zu irgendeiner Zeit zuvor, daß Sie sich in vielen Fällen sehr gut selbst helfen können. Sie merken vielleicht auch, daß Sie immer häufiger anderen eine Stütze sind. Wenn Sie selbst das meiste aus Ihrem Leben machen, können Sie anderen helfen, ihrerseits das meiste aus ihrem Leben zu machen. Während Ihres vierten Hauptlebenszyklus können Sie sich selbst ganz besonders gut erden. Wenn Sie sich bisher wesentlich von spirituellen, ästhetischen, kreativen, künstlerischen und religiösen Interessen haben leiten lassen, dann sind Sie möglicherweise in Gefahr, vom Boden der Realität abzuheben! Sie werden jetzt merken, daß Sie, indem Sie sich gründlicher erden, ein Fundament schaffen, das Sie um so besser tragen wird. Natürlich sollten Sie nach den Sternen greifen, aber Sie müssen dabei mit beiden Beinen fest auf dem Boden stehen!

Beziehungen können während Ihres vierten Hauptlebenszyklus für Sie sehr produktiv sein. Se entdecken vielleicht, daß Sie an Beziehungen mit einer größeren Festigkeit und einem größeren Realismus als zuvor herangehen. Möglicherweise entdecken Sie, daß der Einsatz für eine liebevolle Beziehung sich wirklich lohnt. Je mehr Sie selbst dafür tun, eine gemeinsame Basis zu schaffen, desto stärker wird diese Basis sein. Sie werden bei vielen Gelegenheiten erfahren und lernen, daß dann, *wenn Sie für das Leben arbeiten, das Leben für Sie arbeitet.*

Leistung ist ein Schlüsselbegriff im Zyklus der engagierten Zielstrebigkeit. Der Bereich, in dem Sie etwas leisten wollen, kann weitgehend von Ihnen selbst gewählt werden – Karriere, Beziehungen, persönliche oder spirituelle Entwicklung, Reisen, Bildung, Familie oder was auch immer es sein mag. Planen Sie genau im voraus, was Sie erreichen wollen, und arbeiten Sie dann darauf hin. Die Instanz, die die Entscheidungen trifft, ist nicht irgendwo *da draußen, sie ist in Ihnen.* Wenn Sie für das selbstgesetzte Ziel arbeiten, dann werden Sie es erreichen.

Mit etwa fünfundvierzig Jahren treten Sie in die entscheidende Phase Ihres Lebenszyklus ein – dies ist das Alter, in dem viele Menschen in die Midlife-Crisis geraten. Mit ungefähr fünfundvierzig hält Ihr Leben für einen Moment an einem Wendepunkt inne. Die Zahl Vier, das Potential des persönlichen Willens, ist mit ihrer Schattenzahl Fünf, dem Potential des kollektiven Willens, konfrontiert. Die Zahl Vier, das Potential der individuellen Interessen, trifft auf die Zahl Fünf, das Potential der Gruppeninteressen. Die Zahl Vier, das Potential der Bodenständigkeit, der Anstrengung und des physischen Einsatzes, trifft auf die Zahl Fünf, das Potential für das spirituelle, beseelte und philosophische Streben. Die Zahl Vier und die Zahl Fünf ergeben zusammen Neun und werden von der Zahl Neun beherrscht. Das bedeutet: Sie müssen abwägen und entscheiden. Sie sind das Kind, die Welt ist Ihre Familie, das Leben ist Ihnen zugleich Vater und Mutter. Wohin gehen Sie jetzt? In Richtung auf eine Wiedergeburt, größere Reife und Selbstverwirklichung oder in eine zweite Kindheit?

Während des vierten Hauptlebenszyklus entwickeln Sie vielleicht ein tieferes Verständnis dafür, was es heißt, persönlich sehr stark und erfolgreich zu sein. Ein Teil dieses Verständnisses besteht – gemäß der Philosophie der Vier und der Fünf – darin, daß der wirklich starke Mensch den kleinlichen, individuellen Ehrgeiz und Willen zugunsten eines größeren, kollektiven und bedeutungsvolleren Ehrgeizes und Weltwillens aufgibt. Verantwortliches Handeln für die Gemeinschaft wird höher gestellt als persönliche Errungenschaften. Jetzt sind Sie mit einem Potential konfrontiert, durch das ein neuer Aspekt Ihrer Persönlichkeit entwickelt wird – *der Weltbürger.*

Ihr kollektiver Zyklus

Der fünfte Hauptzyklus Ihres Lebens beginnt am ersten Tag des sechsundvierzigsten Lebensjahres und endet am letzten Tag des vierundfünfzigsten, er dauert also wieder neun Jahre. Vieles von dem, was in diesem Zyklus geschehen wird, hängt davon ab, was zuvor geschehen ist. Ein holpriger Eintritt in Ihren kollektiven Zyklus mag für eine gewisse Zeit einen holprigen Verlauf Ihres Lebens nach sich ziehen. Ein glattes, problemloses Verlassen Ihres Zyklus der engagierten Zielstrebigkeit macht Sie bereit für wirklich erstaunliche Erfahrungen, die Ihre Hoffnungen und Erwartungen bei weitem übertreffen.

Der fünfte Hauptlebenszyklus ist bekannt als eine Zeit der Wiedergeburt und des erneuten Wachstums. Oft entdeckt man in diesem Zyklus entweder die erste wahrhafte Berufung im Leben und macht sich zu gänzlich neuen Ufern auf. Wir alle haben eine enorme Fähigkeit, uns selbst zu überraschen. Solche Überraschungen treten vor allem in solchen Zeiten auf, in denen Sie in einen größeren oder auch kleineren kollektiven Zyklus eintreten. Der kollektive Zyklus wird von der Zahl Fünf beherrscht, die ein Potential mit erstaunlicher Vielseitigkeit ist. Während Ihres kollektiven Zyklus entdecken Sie Begabungen und Talente, von denen Sie zuvor nichts ahnten, oder Sie merken, daß Sie sich in dem, was Sie ohnehin schon können, gleichsam selbst übertreffen. Wer Sie in der Vergangenheit waren, und zu wem Sie sich während dieses Zyklus entwickeln – das können zwei völlig verschiedene Menschen sein. Während der Zeit der Fünf spielt das Abenteuer häufig eine sehr wichtige Rolle; Sie entdecken vielleicht in sich selbst die Möglichkeit zu einem ganz neuen Abenteuer, die vorher entweder nicht da war oder nicht wahrgenommen wurde.

Ihr kollektiver Zyklus fördert dieses Potential der Flexibilität, und zwar auf der Basis, die Sie während der ersten vier Hauptlebenszyklen geschaffen haben. Der physischen, emotionalen und geistigen Erfahrung, die Sie in den ersten drei Hauptlebenszyklen gesammelt hatten, konnten Sie im vierten Hauptlebenszyklus durch engagierte Zielstrebigkeit eine solide Basis geben. Jetzt ist die Zeit für den Schlußakt gekommen: sich selbst auf höhere Ziele als die eigenen auszurichten.

Die Beziehung zwischen der Vier und der Fünf stellt eine der aufregendsten in der gesamten Numerologie dar. Wie schon erwähnt, repräsentieren die Zahlen Eins bis Vier die Reise vom Geist in die Materie, die Zahlen Fünf bis Neun repräsentieren die Rückreise von der Materie in den Geist. Während die ersten vier Zahlen die Geburt und die Entwicklung des Individuums und individueller Ziele markieren, markieren die nächsten fünf Zahlen das Erscheinen der kollektiven Welt und der kollektiven Angelegenheiten. Persönliche Verantwortung wandelt sich in kollektive Verantwortung. Ein Teil der Aufgabe dieser Phase besteht darin, diese Tatsachen zu bedenken und entsprechend zu handeln.

Während in den ersten vier Hauptlebenszyklen *Orientierung* absolut lebensnotwendig für Sie war, wird Ihnen jetzt bewußt, daß Sie *Sinn* brauchen. Ein klares Bewußtsein der Richtung mag für die Vergangenheit ausreichend gewesen sein, aber jetzt wird es nicht mehr genügen. *Sinn* – das ist das Schlüsselwort dieser Zeit; die Suche nach dem Sinn wird nun ein wichtiger Aspekt Ihrer Persönlichkeit.

Während der Zeit der Fünf werden Sie häufig entdecken, daß Ihre persönlichen Bedürfnisse am vollkommensten erfüllt werden, wenn Sie sie um der Bedürfnisse eines anderen oder einer größeren Sache willen aufgeben. Sie haben sich jetzt etabliert, und nun ist es an der Zeit, für andere zu arbeiten und ihnen zu helfen, sich zu etablieren. *Wie* Sie das tun, ist ihre Sache. Es kann durch eine Arbeit in leitender Position geschehen, durch politisches oder ökologisches Engagement, berufliche oder ehrenamtliche Tätigkeit in karitativen Einrichtungen, durch das Ausbilden anderer, durch eine spirituelle Berufung oder innerhalb der Familie erfolgen.

Eine weitere Erfahrung, die Sie während Ihres kollektiven Zyklus machen können, ist, daß Sie Ihre Schwächen und Empfindlichkeiten, mit denen Sie sich schon so lange herumgequält haben, nun gleichsam in Stärken zu verwandeln vermögen. Wie ein Kokon, den der Schmetterling zu seiner Verwandlung braucht, können gerade die Dinge, von denen Sie sich immer eingeengt fühlten, Ihre Befreiung einleiten.

Vielleicht spüren Sie während der Zeit der Fünf in sich viele subtile Veränderungen. Die größte Herausforderung besteht darin zu akzeptieren, daß bestimmte Dinge plötzlich ganz andere Gefühle in Ihnen hervorrufen. Stellen Sie sich vor, Sie fangen noch einmal ganz von vorn an. Zögern Sie nicht, und werfen Sie Ihre alten, engen Kleider fort. Halten Sie sich nicht mehr länger für eine Insel, sondern für jemanden, der eng mit allen Ländern, Meeren und dem Himmel verbunden ist, mit anderen Worten: für einen Teil des Universums. Ihre Stärke als Individuum erwächst in diesen besonderen Zeiten aus der Kraft, die Sie selbst den Menschen und den verschiedenen Anliegen, mit denen Sie in Berührung kommen, zu vermitteln vermögen.

Ihr Zyklus der Weisheit

Die neun Jahre, die Ihren sechsten Hauptlebenszyklus ausmachen, sind die Weisheitsjahre. Sie umfassen die Zeit zwischen fünfundfünfzig und dreiundsechzig Jahren. Während dieser Zeit ändert sich Ihre Wahrnehmung sowohl Ihrer Selbst als auch die Welt, in der Sie leben, nachhaltig. Ihre Beziehungen zu sich selbst und zu anderen gestalten sich möglicherweise ganz anders als in den Jahren zuvor, und Sie erreichen eine neue Tiefe des Verstehens.

Während Ihres Weisheitszyklus ist Ihnen das »Wie« der Dinge sehr wichtig, jedoch wird das »Warum« eine *noch* wichtige Rolle spielen. Sie haben die Welt in allen Einzelheiten kennengelernt. Sie ist Ihnen vertraut. Aber möglicherweise wird Ihnen zugleich bewußt, daß Sie eigentlich fast gar nichts wissen. Sie wissen zwar, »wie« die Sonne jeden Tag ihre Bahn am Himmel entlangzieht, aber Sie sind nun mehr daran interessiert zu wissen, »warum« sie das tut. Mit anderen Worten: Sie sind mit den physikalischen Gesetzen des Lebens vertraut, aber Ihr eigentliches Interesse gilt der Metaphysik.

Das gilt für alle Bereiche. Der Erfolg Ihrer Arbeit, Ihre Beziehungen und Ihr Verständnis der Welt werden durch Ihre engagierte Suche nach der Antwort auf das »Warum« in jedem Fall verbessert.

Während Ihres Weisheitszyklus entdecken Sie sicherlich, daß es weniger wichtig ist, etwas von der Welt zu bekommen, als etwas davon zu verstehen! Das Bedürfnis zu verstehen kann Sie in vielerlei Hinsicht motivieren. Selbsterkenntnis kann neue Möglichkeiten des Ausdrucks und der Zielsetzung öffnen. Und genauso können Ihnen Menschenkenntnis und Weltläufigkeit neue Perspektiven eröffnen. In diesem Hauptlebenszyklus kann *Verständnis* zum Fundament Ihres Lebens werden.

Es kommt nun häufig zu einer Neubewertung, zur Revision einer

Meinung, zu einer neuen Einschätzung und einer neuen Sicht des Lebens. Vielleicht sind die Schlüsselwörter für diesen Zyklus *Sinn* und *Wertschätzung*. Bedeutung gewinnen die Dinge für uns erst dann, wenn wir ihren Wert wirklich zu schätzen wissen. Je mehr Sie mit sich selbst und mit Ihrer Umwelt harmonieren, desto mehr werden Sie in Übereinstimmung mit der Bedeutung der Dinge leben.

In der Zeit Ihres sechsten Zyklus erhöht sich oft Ihr Sinn für den Wert von Idealen. Sie merken, daß plötzlich ethische Lebensfragen ins Zentrum Ihres Interesses rücken. Kunst, Musik und Dichtung bieten Bühnen für die Inszenierung großer Ideen. So können alle Formen künstlerischen Ausdrucks Sie auf dem Weg der Erkenntnis weiter voranbringen. Die verschiedenen spirituellen und philosophischen Lehren gewinnen möglicherweise für Sie eine neue Anziehungskraft.

Ideen und Ideale schaffen Ihnen möglicherweise Befriedigung und bereiten Ihnen Freude, aber Sie müssen sichergehen, daß diese Freude nicht aus dem Bereich der Illusionen, der bloßen Wünsche und des Idealismus gespeist wird. Ideen und Ideale besitzen ihre eigene Kraft; man muß konstruktiv und sorgfältig mit ihnen umgehen. Sie sollten in jedem Fall im täglichen Leben zur Anwendung kommen. Andernfalls gerät der Idealist in Versuchung, sich in eine Welt künstlicher Ideale zurückzuziehen, die ausschließlich für ihn selbst von Bedeutung ist. Ideen und Ideale sind nicht an sich gefährlich; nur die Art und Weise, wie Sie mit ihnen leben, kann gefährlich sein.

Während Ihres Weisheitszyklus sind zwei Jahre für Sie von ganz besonderer Bedeutung. Das erste ist das Jahr, in dem Sie fünfundfünfzig werden. Dies ist genau das erste Jahr des Weisheitszyklus, und es wird wesentlich von zwei Fünfen beeinflußt. Das ist deshalb bedeutsam, weil Sie gerade Ihren fünften Hauptlebenszyklus, in dem ja die Kraft der Fünf dominierte, hinter sich gelassen haben. Wir können daraus folgern, daß das Potential der

Fünf am Anfang Ihres Weisheitszyklus noch immer sehr aktiv ist. Das Verstehen, die Sinnfindung und die Wertschätzung, die für den Weisheitszyklus typisch sind, sind mehr auf das Kollektive gerichtet. Überspitzt formuliert: Die Geschichte eines Kontinents wird für Sie in jedem Fall von größerem Interesse sein als die Mechanik eines Dosenöffners!

Ein weiteres sehr wichtiges Jahr des Weisheitszyklus ist das letzte Jahr, in dem Sie dreiundsechzig werden. Die Zahl Dreiundsechzig symbolisiert die wesentlichen möglichen Aufgaben und Konflikte, die während dieser Zeit auftreten können. Die Sechs steht für spirituelle und philosophische Weisheit, die Drei für rationale und logische Erkenntnis. Die Sechs umfaßt das Intuitive, die Drei das Intellektuelle. Die Sechs verkörpert das Künstlerische, die Drei das Praktische. Die Sechs aktiviert das Übersinnliche, die Drei beschränkt sich auf das Physische.

Die potentiellen Konflikte zwischen der Sechs und der Drei liegen daher auf der Hand. Aber obwohl beispielsweise die Kraft der Sechs auf vielerlei Arten die Kraft der Drei transzendiert, kann die Sechs nicht allein existieren. Die Sechs braucht das Fundament der Drei. Wie kann ein Mensch beispielsweise erwarten, die Feinheiten der Dinge zu erfassen, wenn er nicht einmal in der Lage ist, sich richtig zu konzentrieren? Die Drei stärkt Ihre Konzentrationsfähigkeit, und die Sechs braucht diese Konzentrationsfähigkeit als Basis, um sicher und verläßlich zu arbeiten.

So gibt Ihnen die Zeit Ihres sechsten Hauptlebenszyklus die Chance, die Kraft und das Potential der Drei und der Sechs miteinander zu verbinden. Ihre Weisheit muß ganzheitlich sein – sie muß das Physische, Emotionale und Mentale, den Willen und das Kollektive einschließen. Auch das Kreative, Intuitive, Übersinnliche und Spirituelle gehören zum Zyklus der Weisheit – all dies sind mögliche Werkzeuge, um Sinn und Bedeutung des Lebens zu erfassen. Das nämlich ist die Hauptaufgabe dieser Zeit.

Ihr Liebeszyklus

Ihr siebenter Hauptlebenszyklus ist der Liebeszyklus. Dieser Zyklus hat ein Potential, das den Mystiker, den Philosophen und den Dichter in Ihnen herausstellen kann. Einige der Schlüsselworte für diese außerordentlich einflußreiche und sinnträchtige Zeit sind *Besinnung, Brüderlichkeit, Dienen, Verschmelzung und Liebe.* Ihr Liebeszyklus dauert neun Jahre, von vierundsechzig bis zweiundsiebzig.

Die Basis für Ihre Lebensphilosophie ist Ihre im Laufe der Jahre erworbene Lebensweisheit. Deshalb kann Ihr sechster Hauptlebenszyklus, der Weisheitszyklus, eine große Stütze für Ihren siebenten Hauptlebenszyklus sein, in dem Sie oft nach Antworten auf philosophische, metaphysische und spirituelle Fragen suchen. Weisheit, Philosophie und Liebe gehören zusammen und sind voneinander abhängig. In welcher Beziehung sie zueinander stehen, wurde von dem amerikanischen Dichter, Essayisten und Mystiker des neunzehnten Jahrhunderts, Henry David Thoreau, klar beschrieben: »Philosoph zu sein heißt, die Weisheit so zu lieben, daß man nach ihren ungeschriebenen Gesetzen lebt.«

Eine der höchsten Ausdrucksformen der Philosophie ist die Liebe. Solche Liebe zu erkennen und auszudrücken, d. h. liebevoll zu werden, ist die Aufgabe des siebten Hauptlebenszyklus. Einerseits impliziert dabei das Wort Liebe Hingabe, Engagement, Übereinstimmung und Loyalität Ihren Liebesobjekten gegenüber. Andererseits bedeutet es eine spirituelle, bedingungslose, kreative, unaufdringliche Beziehung zu einem Menschen oder einer Sache.

In der Numerologie hat das Konzept der Liebe neun Dimensionen. Es gibt die physische Dimension der Liebe, die von der Zahl Eins beherrscht wird. Die Lehre der Eins ist, sich dem physischen Wachstum und der Entwicklung hinzugeben. Dann gibt es die emotionale Dimension der Liebe, die von der Zahl Zwei beherrscht wird. Die Lehre der Zwei ist es zu lernen, Liebe zu empfinden und auszudrücken, und auch, die eigenen Gefühle zu achten und zu kontrollieren. Als nächstes gibt es die intellektuell-geistige Dimension der Liebe, die von der Zahl Drei beherrscht wird. In dieser Dimension streben Sie danach, sich intellektuellen Herausforderungen liebevoll und hingebungsvoll zu widmen und sie zu meistern. Eine der geistigen Manifestationen der Liebe ist die *Konzentration.*

Die Zielstrebigkeitsdimension der Liebe wird von der Zahl Vier beherrscht. Sie lehrt zu lernen, sich bedingungslos einzulassen und bedingungslos durchzuhalten. Das, was Sie lieben, hat ein Recht auf Ihre Unterstützung, Ihre Loyalität und harte Arbeit. Die kollektive Dimension der Liebe, wie sie von der Zahl Fünf beherrscht wird, lehrt Sie, die Liebe auf überpersönliche Weise an alle gleichermaßen zu verschenken. Es ist wichtiger zu wissen, was Sie lieben, als was Sie nicht mögen oder gar hassen. Die Weisheitsdimension der Liebe wird beherrscht von der Zahl Sechs. Hier lernen Sie, die Weisheit aller Dinge zu erkennen, sich darauf einzustimmen und sie zu lieben. Verständnis erleichtert das Lieben.

Die Liebesdimension der Liebe wird von der Zahl Sieben beherrscht. Hier müssen wir lernen, die Liebe um der Liebe willen zu lieben. Die Liebe verdient Ihre Hingabe und Ihr Engagement. Indem wir Liebe ausstrahlen, feiern wir die Liebe, wir beginnen, selbst Liebe zu werden. Es gibt auch eine spirituelle Dimension der Liebe, die von der Zahl Acht beherrscht wird. Der spirituelle Ausdruck der Liebe ist, das Leben zu leben und die Lektionen des Lebens anzunehmen. Das Spirituelle in allen Dingen zu achten, es so gut wie möglich zu erfassen und zu versuchen, entsprechend den geistigen Lehren zu leben – das ist der Schlüssel zur spirituellen Liebe und bereits eine Übung in spiritueller Liebe. Die Zahl Neun beherrscht die neunte Dimension der Liebe, die Dimension des Gesetzes. Liebe ist das Gesetz. *Arbeiten Sie für die Liebe, und die Liebe wird für Sie arbeiten. Leben Sie liebevoll, und die Liebe wird Sie begleiten.*

Eine der höchsten Ausdrucksformen der Liebe ist das *Dienen*. Während der Zeit Ihres siebten Hauptlebenszyklus liegt das Schwergewicht auf Brüderlichkeit, Gemeinschaft und Dienen. Wenn Sie nachdenken und meditieren, dann gehen sie in sich hinein; wenn Sie Ihre Ziele verfolgen, dann gehen Sie mit Ihren Handlungen aus sich heraus und auf die Welt zu. Bedingungsloses Dienen ist eine der höchsten Ausdrucksformen der Liebe. Die Unterstützung, die Sie anderen geben, werden Sie auf eine subtile Weise auch für sich selbst finden.

Nach der Liebe, nach dem Dienen kommt die *Verschmelzung*. Verschmelzung beschreibt den Augenblick, in dem Sie beginnen, sich mit Menschen und Orten eins zu fühlen. Während der Zeit der Zwei waren Sie vielleicht versucht, zuzupacken und in Besitz zu nehmen, um Liebe zu finden. Nun, während der Zeit der Sieben, entdecken Sie durch Loslassen und durch ein Einlassen auf die bedingungslose Liebe eine neue Dimension der Liebe. Ihr Konzept der Liebe hat sich verändert: *Gewähren Sie Freiheit, und die Liebe wird ganz natürlich bei Ihnen bleiben.*

Im siebten Lebenszyklus merken sie vielleicht, daß Sie ein Forscher und Vermittler sind. Sie erforschen Dinge, die Ihnen bis dahin völlig fremd waren und bringen sie miteinander in Zusammenhang. Die Fähigkeit, so hingebungsvoll wie nur möglich mit der Liebe zu leben, ist wohl das höchste Ziel dieses Zyklus. Keine Bedingungen zu stellen, zu verstehen, Achtung zu empfinden, sich auf das Leben einzulassen – dies sind ebenfalls Hauptthemen dieser Zeit.

Ihr spiritueller Zyklus

Ihr achter Hauptlebenszyklus ist der spirituelle Zyklus. Er erstreckt sich wiederum über neun Jahre, beginnt im Alter von dreiundsiebzig und dauert bis einschließlich dem einundachtzigsten Lebensjahr. Während dieses Zyklus bestehen die Ziele und Lehren im wesentlichen darin, das Spirituelle in allen Dingen wahrzunehmen, es zu respektieren und sich ihm anzuverwandeln. Ihr Leben wird in diesen Jahren durch *spirituelle Wachheit* und *spirituelles Bewußtsein* erhellt.

Ihr spiritueller Zyklus kann nur so stark sein wie die anderen Hauptzyklen in Ihrem Leben. Insbesondere erfordert Ihr spiritueller Zyklus die Unterstützung durch den kollektiven Zyklus, in dem das Bewußtsein für die Gemeinschaft zu erwachen beginnt, und er braucht das Fundament des Weisheitszyklus, in dem Sie lernen, die Weisheit in allen Dingen wahrzunehmen. Der spirituelle Zyklus braucht auch die Stärke des Liebeszyklus, in dem Sie lernen, die Liebe in allen Dingen zu erkennen und mitzuteilen. In Wahrheit hängt die Stärke jedes Hauptzyklus Ihres Lebens von der Stärke *aller anderen* Hauptlebenszyklen ab. Dies ist eine spirituelle Wahrheit.

Während Ihres spirituellen Zyklus ist das Bewußtsein, daß Sie ein spirituelles Wesen sind, von höchster Bedeutung. Ihr eigentlicher Wesenskern ist – wie bei allen Menschen – spirituell. Das Leben in der Zeit der Acht bedeutet, mit dem Wesentlichen aller Menschen und aller Dinge zu leben. Es gibt ein schönes Sufi-Sprichwort, das diese These bestätigt: »Jeden Menschen wie eine heilige Stätte zu behandeln ist die Erfüllung aller Religion.«

Spirituelles Leben ist das wesentliche Ziel Ihres spirituellen Zyklus. Dies ist eine Zeit des Suchens und Forschens, des Fragens und Entdeckens, In-Sich-Gehens oder des Sich-Entfaltens und letztendlich eine Zeit, um ein für allemal Ihre spirituelle Existenz zu begreifen. Wenn Sie bis jetzt keine spirituelle Philosophie hatten, könnte dies die überraschendste und aufregendste Zeit Ihres Lebens sein. Wenn Sie vorher schon mit einem spirituellen Bewußtsein lebten, ist dies nun die Zeit, um dieses lebendige Bewußtsein in eine sich ständig festigende, lebendige Überzeugung zu verwandeln.

Eine der höchsten Wahrheiten der Numerologie ist, daß jede Zahl und ebenso jeder Zyklus Ihres Lebens ein spirituelles Potential hat. Deshalb ist es eine sehr nützliche Übung für die Zeit Ihres spirituellen Zyklus oder allgemein für jede Zeit Ihres Lebens, sich dieses Leben einmal anzusehen und alles, worauf Sie sich konzentrieren, unter dem Aspekt der spirituellen Botschaft zu betrachten. Wenn Sie genau hinschauen, entdecken Sie in allen Ihren Erfahrungen eine spirituelle Lehre.

Um das Potential der Zahl Eins zu deuten, können Sie über die Idee nachdenken, daß alle Menschen dieser Erde Ausdruck Einer Intelligenz, Eines Seins sind. Um die Kraft der Zahl Zwei zu spiritualisieren, können Sie über die Wahrheit nachdenken, daß jeder Mensch Ausdruck von Materie *und* Geist ist. Um die Möglichkeiten der Zahl Drei zu deuten, denken Sie vielleicht an die Dreieinigkeit – ein weltweit verbreitetes Konzept vieler Religionen – und auch an das spirituelle Potential des Gehirns und des Denkens. Um das Potential der Zahl Vier zu ergründen, sinnen Sie vielleicht über die spirituelle Dimension des Willens, der Arbeit und der Anstrengung nach. Wessen Denkmal wollen Sie errichten? Sie können auch über das Kreuz meditieren. Um das spirituelle Potential der Zahl Fünf zu aktivieren, können Sie über Ihren einzigartigen Platz und Ihren Beitrag zum kollektiven Lebensplan nachsinnen. Um das spirituelle Potential der Zahl Sechs zu aktivieren, zünden Sie den Stern der Weisheit an und lassen Sie ihn bei allem, was Sie wahrnehmen, Ihr Leitlicht sein. Um mit dem spirituellen Potential der Zahl Sieben in Kontakt zu kommen, erforschen Sie die alles durchdringende Kraft der Liebe, erleben Sie sie und arbeiten Sie mit ihr. Die Liebe ist eine

Energie, die Sie zu Ihrem eigenen Wohl und zum Wohl anderer einsetzen können. Um das spirituelle Potential der Zahl Acht zu erfahren, gehen Sie nach innen und nach oben, und lassen Sie es zu, daß Sie *in allen Dingen* ein Kanal für den spirituellen Ausdruck werden. Und um das spirituelle Potential der Zahl Neun zu genießen, lernen Sie, die spirituelle Wahrheit in allen Dingen wahrzunehmen und sich mit ihr auseinanderzusetzen.

Während der Zeit der Acht ist es gut, sich dessen bewußt zu sein, daß wir ein Kanal für Formen des Ausdrucks und der Inspiration sind, die außerhalb unserer eigenen Person liegen. Lange Zeit unseres Lebens mögen wir uns auf unsere persönlichen Reserven an Inspiration (und Transpiration!) als Fundamente verlassen haben. Jetzt ist es an der Zeit, sich dem Raum jenseits von uns zu öffnen und Ideen in uns hereinfließen zu lassen. Während einer langen Phase Ihres Lebens haben Sie vielleicht fast ausschließlich dafür gelebt, mit dem Einsatz aller Ihrer Kräfte Ihre Pläne zu verwirklichen. Nun ist es an der Zeit, so wenig Eigenwillen wie möglich in ein Projekt zu investieren und die Dinge einen natürlichen Lauf nehmen zu lassen.

Die wesentliche Aufgabe Ihres spirituellen Zyklus hängt mit der Beziehung zwischen der Zahl Acht und deren Schattenzahl Eins zusammen. Im Alter von achtzehn ist die Eins die Hauptzahl, die Acht hingegen untergeordnet; im Alter von einundachtzig ist die Acht die Hauptzahl, und die Eins ist die weniger bedeutende Zahl. Wenn das nicht der Fall ist, dann laufen Sie Gefahr, sich während dieser Zeit die wesentlichen spirituellen Lebenserfahrungen zu versagen. Der Einfluß der Zahl Eins kann so stark werden, daß ein Mensch während seines ganzen Lebens der spirituellen Erfahrung, dem spirituellen Ausdruck und der Verwirklichung des spirituellen Potentials ausweicht.

Es ist nun an der Zeit, die Angst vor dem Unbekannten zu verlieren. Es ist an der Zeit, das materielle Leben loszulassen und im spirituellen Leben wiedergeboren zu werden. Es ist an der

Zeit, sich an den Möglichkeiten des intuitiven, übersinnlichen, kreativen und heilenden Ausdrucks zu erfreuen und mit ihnen zu spielen. Das spirituelle Potential in Ihnen zu aktivieren ist eine perfekte Vorbereitung für jeden Tag Ihres Lebens. Es ist auch die perfekte Vorbereitung für Tod, Übergang und Veränderung. *Spirituelles Leben lohnt sich um seiner selbst willen.*

Ihr Gesetzeszyklus

Ihr neunter Hauptlebenszyklus wird von der Zahl Neun beherrscht. Dies ist der Gesetzeszyklus; er währt neun Jahre, vom ersten Tag des zweiundachtzigsten bis zu dem letzten Tag des neunzigsten Lebensjahres. Die Neun ist das numerologische Symbol für *Wahrnehmung* und *Unterscheidung,* für *Urteil* und *Wahrheit,* für *Vollendung* und *Abschluß.* Dies sind die Hauptthemen Ihres letzten größeren Lebenszyklus.

Die Zahl Neun ist ein großer Lehrer. Traditionell wird die Neun mit unserem *Höheren Selbst,* dem inneren Teil unseres Seins, das bereits vollkommen ist, in Verbindung gebracht. Das Potential, die Botschaft der Neun ist, daß *das Leben eine Universität, und die Lebenserfahrungen Lehrstunden sind.* Aus jeder Erfahrung, die wir machen, können wir Einsichten gewinnen und eine Lehre ziehen. Dies schließt die Zahlen ein. Die Zahl Eins hat eine spezifische Lektion für uns, und genauso ist es mit den Zahlen Zwei, Drei, Vier, Fünf und so fort. Es ist eine Vergeudung von Zeit und Energie, diese Lektionen zu ignorieren.

Eine der wesentlichen Aufgaben der Zeit der Neun ist daher, auf diese Lehren in allen Dingen zu achten. Die Menschen, denen Sie begegnen, die Orte, die Sie aufsuchen, Ihre Erfolge, Niederlagen, Enttäuschungen, die unerwarteten, überraschenden Ereignisse – sie alle bergen eine Lektion in sich. Wo, wann, was, wer auch immer – wenn Sie sich die Zeit nehmen, entdecken Sie die in der

Erfahrung verborgene Lektion. Die Zahl Neun ist der Beobachter; sie erinnert uns an die Lektion, die in unseren Erfahrungen enthalten ist.

Das Potential der Neun fördert den Wunsch, die Wahrheit der Welt kennenzulernen. Es lehrt uns, die Wahrheit aller Dinge herauszufinden. Eine bestimmte Erfahrung will uns eine bestimmte Wahrheit und eine bestimmte Lehre vermitteln. Zu den Lektionen der Neun gehört es, zwischen Schwarz und Weiß, wahr und falsch unterscheiden zu lernen. Welches ist die Wahrheit Ihres Lebens? Welches sind die Lektionen, die noch gelernt werden müssen? Dies sind die Fragen, die das Potential der Neun in Ihnen aufwerfen kann.

Ein faires, objektives Urteil ist ein weiteres ideales Lebensziel der Neun. Der neunte Zyklus ist in Ihrem Leben sehr zweckmäßig plaziert. Dieser Zyklus bietet Ihnen eine sehr gute Gelegenheit, Selbstkritik zu üben, um zu lernen und zu wachsen. Selbstkritik sollte jedoch nicht nur dem Neuner-Zyklus vorbehalten sein. Die kleineren Zyklen der Tage, Monate und Jahre und die persönlichen Geburtstagszahlen und persönlichen Namenszahlen bergen oft ein Neunerpotential. So begleitet das Neunerpotential Sie Ihr ganzes Leben lang, und an bestimmten Tagen, Monaten und Jahren ist es für Sie in besonderem Maße präsent. Es ist nie zu früh oder zu spät, das Potential der Neun zu nutzen – die Chancen der Neun sind immer und überall gegenwärtig.

Um einen Lebensrückblick zu halten, bedarf es großer Klugheit und einer wachen Aufmerksamkeit. Wenn Sie sich selbst analysieren, sollte das Ihrem eigenen Wachstum dienen. Im nachhinein und im Rückblick sieht das Leben leicht aus. Gewiß, es gibt Lektionen, die Sie immer noch zu lernen haben. Gewiß, manche wurden gelernt und manche nicht. Nehmen Sie sich Zeit, um zu beurteilen, was Sie nun tun könnten und sollten. Es ist natürlich, daß Ihr Leben im neunten Zyklus zu einem Ende kommt, aber das will nicht heißen, daß des Lernens ein Ende wäre.

Die Zeit der Neun bietet Ihnen, *wenn Sie sie nutzen,* auch die Chance, alle bisher unerledigten Projekte abzuschließen. Jetzt ist die Zeit des Vollendens. Dies gilt besonders für die Zeit um die Neunzig, die den Einfluß der Neun, des Symbols der Vollendung, und den Einfluß der Null, des Symbols der Zeit vor dem Beginn neuen Lebens, fördert. Mit anderen Worten, der neunte Zyklus kann Ihnen eine letzte Chance bieten, die Angelegenheiten Ihres Lebens ins Lot zu bringen und zu vollenden.

Unbefriedigende Anfänge sind leicht zu korrigieren, unbefriedigende Abschlüsse dagegen kaum. Befriedigende Abschlüsse sind selten. Sie entziehen sich uns, meistens, weil die Lektionen sich uns entziehen. Nun ist es an der Zeit, weise zu sein, so, wie wir es während der Zeit der Sechs hoffentlich bereits gelernt haben. Nun ist es an der Zeit, zu lieben und zu vergeben, so, wie wir es während der Zeit der Sieben hoffentlich gelernt haben. Nun ist es an der Zeit, das Spirituelle zu erkennen und sich daran zu halten, so wie wir es während der Zeit der Acht hoffentlich bereits gelernt haben. Jetzt, während des Zyklus der Neun, ist es an der Zeit, die Lektionen des Lebens in sich aufzunehmen und damit das Schlußkapitel seines Lebens zu schreiben.

Kapitel 6

Das numerologische Jahr

Die rechte Zeit ist für alle Angelegenheiten die beste.
Hesiod, Werke und Tage (8. Jh. v. Chr.)

Der Numerologe möchte in Harmonie mit den Zyklen von Raum und Zeit leben, die um ihn und in ihm arbeiten. Mit der Welt in uns und außen in Harmonie zu leben, wird für eine der höchsten Formen des Heilens gehalten. Die Numerologie betrachtet ein solches Leben als ein Zeichen wahrer Lebensklugheit, Meisterschaft und Erleuchtung.

Für jeden Plan und jede Handlung gibt es eine richtige Zeit. Der Erfolg eines Gedankens oder eines Projekts hängt sehr stark von unserer Einstimmung auf die Zeit und die Wahl des richtigen Augenblicks ab. Die rechte Zeit hat eine Art Zauberwirkung, da, wie die Numerologen glauben, zum rechten Zeitpunkt alles erreicht werden kann. Zum falschen Zeitpunkt ist jede Anstrengung oder Absicht, gleichgultig, wie gut sie ist, zum Scheitern verurteilt. Ein persisches Sprichwort sagt: »Ein Stein, zur rechten Zeit geworfen, ist besser als Gold, zur falschen Zeit gegeben.«

Der Glaube, daß es für alle Dinge eine Zeit gibt und daß alle Dinge ihre Zeit haben, wird nirgends schöner ausgedrückt als in den poetischen Zeilen des Predigers Salomo (3, 1–8). In den folgenden Zeilen werden die Beschaffenheit der Zeit und unsere Beziehung zu ihr beschrieben:

Ein jegliches hat seine Zeit, und alles Vorhaben unter dem Himmel hat seine Stunde: Eine Zeit, um geboren zu werden, und eine Zeit, um zu sterben; eine Zeit, um zu pflanzen, und eine Zeit, um das Gepflanzte zu ernten;

Eine Zeit, um zu töten, und eine Zeit, um zu heilen; eine Zeit, um niederzubrechen, und eine Zeit, um aufzubauen;

Eine Zeit zu weinen und eine Zeit zu lachen; eine Zeit zu trauern und eine Zeit zu tanzen;

Eine Zeit, um Steine wegzuwerfen, und eine Zeit, um Steine zusammenzusammeln; eine Zeit zu umarmen und eine Zeit, für sich zu bleiben;

Eine Zeit, um zu suchen, und eine Zeit, um zu verlieren; eine Zeit, um festzuhalten, und eine Zeit, um wegzuwerfen;

Eine Zeit, um zu zerreißen, und eine Zeit, um zu nähen; eine Zeit zu schweigen und eine Zeit zu sprechen;

Eine Zeit zu lieben und eine Zeit zu hassen; eine Zeit für Krieg und eine Zeit für Frieden.

Einige von uns wissen intuitiv, wann die richtige Zeit für eine Handlung gekommen ist. Unsere Intuition oder innere Stimme oder unser unbewußter Impuls – man kann es nennen, wie man will – führt uns dergestalt, daß wir in Harmonie mit der richtigen Zeit und dem richtigen Ort planen und handeln. In früheren Zeiten pflegten Numerologieschulen diese intuitive Fähigkeit durch das Lehren der Wissenschaft und der Philosophie der Zahlen zu fördern. Sie glaubten, *es gäbe eine Jahreszeit und eine Zeit für jeden Zweck unter dem Himmel.*

Das Universelle Jahr

Die Zahl des *Universellen Jahres* repräsentiert das mögliche Potential, von dem Sie in diesem Jahr umgeben sind. Jedes Jahr hat deshalb eine universelle Zahl und ein universelles Potential, das für jeden von uns verfügbar ist und jeden von uns bis zu einem gewissen Grad beeinflußt. *Das Leben eines Universellen Jahres ist im Leben seiner Universellen Zahl verschlüsselt enthalten.*

Die Numerologie geht davon aus, daß der Raum um uns nicht leer ist. Im Gegenteil: Er ist schwingend, lebendig und voller Möglichkeiten. Wir leben in einem Meer frei fließender Energie und reichlich verfügbaren Potentials. Wenn man sich darauf einstimmt und wenn der richtige Augenblick gekommen ist, ist es möglich, dieses Potential zu nutzen. Wie aufregend ist es doch zu erfahren, daß auch die moderne mathematische Physik den Standpunkt vertritt, daß der Raum weder leer noch leblos ist.

Um die Universelle Zahl eines Universellen Jahres zu berechnen, addiert man einfach die vier Grundzahlen des Jahres zusammen. Zum Beispiel:

Universelles Jahresdiagramm für die 90er Jahre:

$1990 = 1 + 9 + 9 + 0 = 19 = 1$
$1991 = 1 + 9 + 9 + 1 = 20 = 2$
usw.
$1998 = 1 + 9 + 9 + 8 = 27 = 9$
$1999 = 1 + 9 + 9 + 9 = 28 = 1$

Die Universelle Zahl ist ein Symbol für einen Teil des Universellen Jahres jeden beliebigen Jahres. Sie ist sehr bedeutend und einflußreich, aber sie ist nicht die einzige wirksame Zahl. Zunächst einmal enthält die Universelle Zahl alles, was Sie über ein Universelles Jahr wissen müssen. Wenn Sie jedoch Lust haben, etwas tiefer zu graben, gibt es ein oder zwei interessante Dinge, die dem Diagramm des Universellen Jahres für die 90er Jahre zu entnehmen sind.

Der erste interessante Punkt ist die ungewöhnlich starke Präsenz der Kraft der Neun. Wann immer die Neun vorherrscht, sind Höheres Gesetz, Entscheidung, Forschung und Unterscheidung in besonderem Maße wirksam. Von 1991 bis 1998 sind zwei

Neuner im Universellen Jahr aktiv. Die Kraft der Zwei ist ebenfalls eine Kraft der Entscheidung und Unterscheidung, haupt-
sächlich wirksam auf den weiblichen, intuitiven, sensiblen und
gefühlvollen Ebenen. Deshalb sind die 90er Jahre hinsichtlich des
Universellen Jahres eine Zeit, um unsere weibliche Intuition, das
Gefühl und die Gefühlsebene zu erforschen, mit ihr zu arbeiten,
mit ihr Differenzierungen vorzunehmen, in Übereinstimmung
mit ihr zu entscheiden und auf sie zu hören.

Der zweite Punkt von Interesse ist, daß die Universellen Jahre
von 1990 bis 1998 durch den zweiten Hauptlebenszyklus der
Emotion und Intuition (19–27) reisen. So sind während der 90er
Jahre wieder einmal die weiblichen Kräfte der Intuition, des
Gefühls und des Gefühlvollen besonders reichlich vorhanden. Es
ist auch interessant zu wissen, daß das Jahr 2000 die erste Zeit in
tausend Jahren sein wird, in der die physische Kraft der Zahl Eins
keinen Einfluß hat. In den nächsten tausend Jahren wird die
weibliche Kraft der Zwei allgegenwärtig sein.

Wenn wir uns in unserer Welt umschauen, entdecken wir vieles,
was auf eine Umwandlung der männlichen, physischen Kraft der
Eins in eine mehr weibliche, gefühlvolle Kraft der Zwei hindeu-
tet. Die Gesellschaft hat seit einiger Zeit begonnen, die Frauen
und die Stellung der Frauen zu stärken. Die Männer werden sich
allmählich ihrer weiblichen (Anima, Yang) Eigenschaften bewußt und lassen diese auch zu. Die Physik hat – mit der Einführung der ganzheitlichen Quantenmethode im Gegensatz zu den
mechanistischen, reduktionistischen Methoden – das Poetische
entdeckt.

Durch intensiveren Einsatz ergänzender Behandlungsmethoden
wie Schauspiel-, Kunst- und Tanztherapien, Aromatherapie,
Massage und dergleichen wird die Medizin wieder zur Kunst. Es
gibt in kirchlichen Kreisen Gruppen, die sich gegen das enge
Dogma der theologischen Lehre wehren. Gewiß ist auch das
rasche Anwachsen der praktischen, intuitiven östlichen und

orientalischen Schulen und Philosophien ein Zeichen für die Suche nach neuen Wegen der Erkenntnis.

Könnte das nicht alles mit dem kommenden Element der Zwei zusammenhängen, das bereits in der Luft liegt?

Das Persönliche Jahr

Im Gegensatz zur *Universellen Jahreszahl,* die sich auf das Potential um Sie herum bezieht, repräsentiert die Zahl Ihres *Persönlichen Jahres* das Potential, das Ihnen und Ihren individuellen Existenzzyklen zu eigen ist. Deshalb müssen Sie sowohl nach außen schauen, um die Kräfte zu entdecken, die durch das Universelle Jahr wirksam sind, als auch nach innen, um die Kräfte zu entdecken, die durch Ihr Persönliches Jahr wirksam sind.

Der Weg der Numerologie ist eine Reise zum Selbst. Er ist der Weg der ständigen Selbstanalyse, er fördert die Selbsterkenntnis und dadurch die Selbstverwirklichung. Die Numerologie beansprucht, ein wissenschaftliches und philosophisches System persönlichen Wachstums zu sein. Die Zahlen, die das numerologische Diagramm eines Menschen ausmachen, sind Wegweiser, Hinweise, Richtlinien und Zeichen, die alle zusammen zu Wachstum, Weisheit und Harmonie führen können.

Um Ihre Persönliche Jahreszahl zu ermitteln, addieren Sie nach der Quersummen-Methode Ihren Geburtstag, Ihren Geburtsmonat und die Zahlen des laufenden Universellen Jahres. Um dies zu verdeutlichen, nehmen wir das Beispiel des englischen Schauspielers und Filmemachers Charlie Chaplin. Charlie Chaplin wurde 1889 geboren. Die Universelle Jahreszahl für dieses Jahr war $1 + 8 + 8 + 9 = 26: 8$. Es ist interessant zu wissen, daß einige der verbreiteten Kennzeichen der Acht Kommunikation, Kreativität und Erfolg sind. Als Schauspieler war Charlie Chaplin außerordentlich kreativ und erfolgreich.

Wenn Charlie Chaplin 1992 noch gelebt hätte, wäre seine Persönliche Jahreszahl Fünf. Zu dieser Zahl kommt man so:

Datum der Geburt + Monat der Geburt + Universelles Jahr
16: 7   4 (April)   21 (1 + 9 + 9 + 2): 3
Persönliche Jahreszahl = 7 + 4 + 3 = 14: **5**

Aber Charlie Chaplin starb 1977. In diesem Jahr war seine Persönliche Jahreszahl die Acht. Hier ist entscheidend, daß die Zahl Acht sehr stark mit dem Geist verbunden ist und deshalb auch mit Tod oder Übergang von Materie in Geist. Wie schon in Kapitel 5 erwähnt, sterben viele Menschen in einem Achter-Lebenszyklus, so auch Charlie Chaplin. Wenn wir dies feststellen, so geht es uns nicht darum, ein Gesetz zu beweisen, sondern nur darum, eine Tendenz aufzuzeigen. Die Numerologie beschäftigt sich nicht mit dogmatischen Aussagen, sondern mit Möglichkeiten und Wahrscheinlichkeiten. Allerdings ist der Sog des Geistes während eines Zyklus der Acht stärker als zu den meisten anderen Zeiten, und deshalb ist dies in besonderem Maße eine Zeit für den Tod.

Persönliche und Universelle Jahreszahlen

Einflüsse und Potentiale
Der folgende Abschnitt gibt Ihnen einen kurzen Überblick über die Einflüsse, Potentiale und Möglichkeiten, die während jedes beliebigen Jahreszyklus wirksam sind. Genauso wie es gut und weise ist, sich auf die verschiedenen Jahreszeiten einzustimmen, wie es zum Beispiel immer noch in den chinesischen »Shen«-Zyklen von Feuer, Erde, Metall, Wasser und Holz gelehrt wird, so ist es auch gut und weise, sich auf das universelle und persönliche Potential eines bestimmten Jahres einzustimmen.

Wenn Sie die Universelle Jahreszahl und Ihre Persönliche Jahreszahl bestimmt haben, ist es interessant, deren Einflüsse, Potentiale, Möglichkeiten und Wahrscheinlichkeiten miteinander zu vergleichen. Wenn beispielsweise im selben Jahr sowohl die Universelle Jahreszahl als auch die Persönliche Jahreszahl Eins lauten, dann erleben Sie wahrscheinlich eine sehr starke, gute Phase für neue Anfänge und Unternehmungen, und Sie sind, ganz allgemein gesprochen, fähig, Ihre Angelegenheiten stark in Ihrem Sinne zu lenken.

Wenn hingegen die Universelle Jahreszahl Sieben und Ihre Persönliche Jahreszahl Zwei ist, dann merken Sie womöglich, daß in Ihrem Inneren unterschiedliche Bedürfnisse und Gefühle gegeneinander kämpfen: Sie haben Schwierigkeiten, sich über Ihre Gefühle klar zu werden, in der Liebe zwischen Trennung und Gemeinschaft oder in ähnlichen mit der Zwei bzw. der Sieben zusammenhängenden Fragen klare Entscheidungen zu treffen. Oder, um ein weiteres Beispiel heranzuziehen: Wenn die Universelle Jahreszahl Vier ist und Ihre Persönliche Jahreszahl Fünf, dann werden Sie vielleicht feststellen, daß Sie zwischen dem, was gut für Sie selbst, und dem, was gut für andere ist, wählen müssen. Wenn im selben Jahr die Universelle Jahreszahl Sechs ist und Ihre Persönliche Jahreszahl Drei, dann sollten Ratio und Logik Ihre Weisheit unterstützen, ohne sie zu überschatten. Die Fähigkeiten des informierten weisen Menschen können sich gegenseitig ergänzen, aber die jeweiligen Potentiale sind sehr verschieden. Wie immer müssen Sie sich entscheiden, welches Potential Sie nutzen wollen. Von welcher Welle werden Sie sich tragen lassen? Wir arbeiten in Harmonie mit den Energien um und in uns. Das ist Numerologie.

Gemäß Ihrer individuellen Anordnung der Zahlen werden Sie von Zeit zu Zeit merken, daß Ihre persönliche Geburtstagszahl identisch und damit synchron mit einer anderen wichtigen Zahl ist, wie zum Beispiel mit einer oder mehreren Ihrer Persönlichen oder Universellen Jahres-, Monats- oder Tageszahlen. Es gibt kaum eine bessere Zeit, um die entsprechenden Potentiale voll zu nutzen. Im Falle von Synchronizität brauchen Sie sich kaum um diese Potentiale zu bemühen, Sie müssen sie einfach nur durch sich hindurchfließen lassen. Solche besonderen, vielversprechenden Chancen bieten sich uns nur selten in unserem Leben. Wir müssen dafür Sorge tragen, daß wir sie nicht vertun!

Eins: Eine gute Zeit für Neuanfänge

Diese Zeit eignet sich ausgezeichnet, um neue Beziehungen oder Freundschaften anzugehen. Es ist üblich, daß in dieser Zeit neue Menschen in Ihr Leben treten und daß alte Freunde Sie plötzlich in ganz anderer Weise beeinflussen als zuvor. Dies ist die Zeit für ein erneutes Engagement, Neuanfänge und Wiedergeburt.

Die Kraft der Eins ist energiereich, dynamisch und aktiv. In Ihrer Umgebung wird viel Neues passieren. Eine neue Chance, eine neue Arbeit, neue Hobbys oder ein Umzug sind in dieser Zeit nichts Überraschendes. Die Herausforderung der Zeit der Eins liegt darin, diese neuen Möglichkeiten mit Vertrauen und Optimismus zu nutzen, und nicht aus Angst und Unsicherheit davor zurückzuschrecken. Das Universum liefert die Möglichkeiten; an Ihnen ist es, den Mut und die Weisheit aufzubringen, wann, wie und mit Hilfe welcher Mittel Sie aktiv werden und handeln müssen.

Während der Zeit der Eins ist es wichtig, sich mit der Eins intensiv zu beschäftigen. Selbstanalyse, Selbsterkenntnis und Selbstverwirklichung sind allesamt Leitgedanken des Einser-Potentials. Es kann auch zum Aufgabenkatalog für dieses Jahr gehören, sich zu behaupten und auszudrücken zu lernen. Schürfen Sie tief, und schauen Sie gründlich in sich hinein. Wer sind Sie? Was streben Sie wirklich an? Wohin gehen Sie?

Im geistigen Bereich lassen Sie sich jetzt leicht von kreativen und originellen Gedanken inspirieren. Dies kann eine Zeit sein, um einen Richtungswechsel zu erwägen, oder sich mit neuem Engagement auf einen Kurs zu begeben, den Sie zuvor schon einmal eingeschlagen hatten. Sie müssen sich in dieser Zeit ganz besonders aktiv um Ziel und Richtung Ihres Lebenswegs kümmern.

Während der Zeit der Eins haben Sie oftmals schöne Erfolge oder zumindest die Aussicht darauf. Geben Sie sich jedoch nicht mit Erfolg um seiner selbst willen zufrieden. Es ist wichtig zu entscheiden, worin Sie Erfolg haben wollen. Gehen Sie der Versuchung aus dem Wege, sich während der Zeit der Eins mit Oberflächlichkeiten abzugeben. Hast, überstürztes Handeln, Ungeduld und Naivität können Ihren Erfolg nur beeinträchtigen.

Mut, Vertrauen, Entschlossenheit und Weitblick sind ebenfalls Teil der Kraft der Eins. Sie können dieses Potential heranziehen, wenn Ihnen die reinen physischen und materiellen Erfolge nicht genügen. Sie haben im Grunde mehr davon, wenn Sie bestimmte positive Eigenschaften entwickeln als einen materiellen Erfolg zu verbuchen. Noch eine Warnung: Sie sollten nur mit sich selbst und mit niemand anderem wetteifern. In Wahrheit *liegt die größte Herausforderung zum Wettbewerb in Ihnen selbst.*

Zwei: Zurückblicken, überprüfen und festigen

Während der Zeit der Zwei kann es sehr sinnvoll sein, zurückzublicken und das Geleistete und Erreichte zu überprüfen, oder alles, was Sie während der Zeit der Eins unternommen haben, zu konsolidieren. Sie haben einen guten Anfang gemacht; nun ist es wichtig, den Rhythmus beizubehalten und sich und seine Unternehmung auf dem richtigen Kurs zu halten. Wie ein guter Wein brauchen Ideen und Unternehmungen Zeit, um zu reifen. Achten Sie darauf, daß die Kräfte, Energien und Ideen, die Ihnen während der Zeit der Eins zugeflossen sind, in der Zeit der Zwei nicht unnötig zerstreut und vergeudet werden.

Dies ist auch eine Zeit, um mit anderen zusammenzuarbeiten. Suchen Sie nach Unterstützung für sich selbst und für andere. Ihre Verbindung mit den Menschen Ihrer Umgebung sind in dieser Zeit sehr bedeutungsvoll. Die Zeit der Zwei beschwört das Intuitive und das Weibliche und berührt die Bereiche des Gefühls und der Seele. Deshalb können Ihre Beziehungen Sie zu tieferen, stärkeren Dimensionen des Glücks und der Erfüllung führen.

Das Potential der Zwei kann zwar Zusammenarbeit und Einheit einschließen. Auf der anderen Seite kann es aber auch Wettstreit und Teilung, Katastrophe und Kampf mit sich bringen – und nirgendwo haben diese Kräfte eine größere Wirkung als in uns selbst. Die Zeit der Zwei wird in der Numerologie oft als eine Unglückskraft angesehen. Der Grund dafür ist, daß die Zwei oft mit Dualität und Teilung in Verbindung gebracht wird – daraus können Unruhe, Disharmonie und Unordnung entstehen.

Während der Zeit der Zwei kann es sehr wichtig sein, das Spiel Ihrer Gefühle zu beobachten. Wenn Sie motiviert oder inspiriert werden, etwas zu tun, finden Sie heraus, was Sie treibt. Schützen Sie sich vor emotionaler Hast. Tatenlosigkeit, Zögern und Abwarten haben oft eher positive Wirkungen. Nachdenken und Besinnung sind während der Zeit der Zwei genauso wichtig wie Handeln und engagierte Zielstrebigkeit.

Im Positiven kann die Kraft der Zwei oft die weiblichen, intuitiven und kreativen Potentiale unserer Natur beschwören. Entspannung und Meditation können Ihnen helfen, dieses Potential zu nutzen und es sogar noch zu vergrößern. Hören sie auf Ihre innere Stimme. Lernen Sie, die Stimme der Intuition zu verstehen und ihr zu vertrauen. Setzen Sie sich mit dem Weiblichen auseinander. Dies kann auch eine sehr gefühlvolle Zeit sein, in der sich Ihre Beziehung zu sich selbst entscheidend verbessern kann.

Drei: Gehen lautet die Devise

Ein Jahr der Drei ist oftmals eine Zeit, in der Aktionen und Ideen, Partnerschaften und Beziehungen gut gedeihen. Die Zeit der Drei ist normalerweise eine Zeit des Fortschritts und der Leistung. Sie wird oft mit Glück und Schicksal in Verbindung gebracht. Wenn Sie sich in dieser Zeit wirklich engagieren und bemühen, werden Sie die Kräfte des Glücks anziehen, das Sie verdient haben.

Die Zeit der Drei wird nach der Zeit der Eins für die zweitbeste Zeit für Anfänge und neue Projekte gehalten. Insbesondere werden durch die Kraft der Drei geistige Durchbrüche befördert; durch diese werden Ideen, Theorien und neue Ziele ins Leben gerufen. Das Jahr der Eins ist ein Jahr der Handlungen, das Jahr der Zwei eine Zeit des Beförderns und Stützens und das Jahr der Drei eine Zeit vielfältiger geistiger Aktivitäten. Achten Sie aber darauf, daß Sie nicht nur abstrakte intellektuelle Turnübungen machen. Die praktische Anwendung Ihrer Theorien ist von entscheidender Bedeutung.

Das Jahr der Drei kann in sozialer Hinsicht viele neue Chancen bieten. Das Potential der Drei hat eine dynamische, optimistische und extravertierte Dimension, und deshalb ist diese Zeit oftmals sehr günstig für soziales Engagement, das häufig durch glanzvolle Erfolge in diesem Bereich belohnt wird. Neue Freundschaften, Bekanntschaften, Kontakte und Verbindungen sind während der Zeit der Drei durchaus üblich. Einen größeren Respekt und ein stärkeres Interesse an neuen und alten Freunden und Beziehungen sind jetzt ebenfalls häufig.

Da Sie während der Zeit der Drei oft sehr stark nach außen orientiert sind, könnten Sie darüber vergessen, auf Ihr inneres Selbst zu achten. Streß und geistige Überlastung können bedeuten, daß Sie Ihre physische und emotionale Gesundheit sowie ihr seelisches Wohlbefinden vernachlässigen. Wir müssen gelegentlich auch einmal von unserem hohen geistigen Roß heruntersteigen, besonders während jener größeren Periode der Drei. Unter einem positiven Aspekt betrachtet, kann intensive geistige Anspannung zu neuen Ideen und kreativen originellen Ergebnissen führen. Vertrauen Sie Ihrer Kreativität, halten Sie destruktive Kritik und harte Urteile von sich fern, und lassen Sie Inspiration, Führung und neue Ideen in sich einfließen. Sie haben ein enormes geistiges Reservoir, das vom Dreierpotential und auch durch seine Schattenzahl Sechs leicht aktiviert werden kann.

Je mehr Sie sich während der Zeit der Drei um Ihren Innenbereich kümmern, desto besser werden Sie wahrscheinlich in der Lage sein, das Potential der Sechs für Weisheit zu nutzen. Dies kann geschehen, wenn Sie bereit sind, immer und immer wieder zum Raum der Weisheit in sich selbst zurückzukehren und über das hinauszugehen, was Sie bereits wissen und womit Sie schon vertraut sind. Das Erkunden geistigen Neulands und die Entdeckung eines Schatzkästchens der Weisheit sind Teil des Potentials der Zeit der Drei.

Vier: Bleiben Sie wachsam

Ein Jahr der Vier ist eine gute Zeit für produktive und befriedigende Arbeit. Fleiß, eine liebevolle Beachtung des Details und Disziplin können helfen, die gewünschten Ergebnisse zu erzielen. Dies ist eine Zeit, um frühere Ideen zu erden, zu konsolidieren und zu konkretisieren.

In Beziehungen geht es in der Zeit der Vier darum, sich intensiver mit den für Sie wichtigen Personen zu befassen und hart daran zu arbeiten, daß die Qualität Ihrer Beziehungen Ihren Wünschen entspricht. Und ebenso geht es darum, sich wirklich auf das Leben einzulassen. Stürzen Sie sich einfach kopfüber hinein! Aktivität, beharrliches Bemühen und ausdauernde Anstrengung sind Leitmotive dieser Zeit. Je engagierter Sie arbeiten, desto mehr krea-

tive Ideen werden Ihnen zufließen! Ihre Ressourcen sind unend-
lich. Ihr Potential ist unbegrenzt. Ihre Willensstärke wird Sie
selbst erstaunen. Die einzigen Grenzen in Ihrem Leben sind die,
die Sie selbst setzen. Wenn Sie das Potential der Vier nutzen,
können Sie die Stärke, den Mut und die Tapferkeit entwickeln,
zu neuen, unbekannten Ufern aufzubrechen! Sie müssen allerdings auf Ihre Fähigkeit zu harter und konzentrierter Arbeit
vertrauen.

Die Kraft der Vier ist eine aufbauende Energie, und deshalb bietet
die Zeit die Chance zur Steigerung des Selbstwertgefühls, der
Selbstachtung und Selbstsicherheit. Sich um das eigene Selbst zu
kümmern, mit den Gefühlen zu arbeiten, den Verstand zu stärken
und die Spiritualität zu nähren – das sind ebenfalls Aspekte des
Kraftpotentials der Vier. Sorgen Sie dafür, daß Sie keine Ebene
vernachlässigen, denn Sie gehören alle zu Ihnen.

Eine Warnung: wenn Sie Ihre Willensstärke einmal aktiviert
haben, dann müssen Sie lernen, sie angemessen zu nutzen. Sie
müssen sicherstellen, daß Sie sie kontrollieren, anstatt von ihr
kontrolliert zu werden; dann werden Sie stark und kraftvoll sein.
Mißbrauchen Sie Ihre Fähigkeiten nicht. Vergessen Sie auch
nicht, sich Zeit zu nehmen, um der täglichen Mühle zu entrinnen.
Denken Sie zuweilen an die wohltuende Wirkung der Ruhe, der
Entspannung, der Kunst, des Spiels, eines Urlaubs, eines guten
Essens, an den guten Einfluß von Freundschaften, sozialem Engagement und allem anderen, das die Freude um der Freude
willen stärkt.

Fünf: Alles fließt

Die Zeit der Fünf kann neue Horizonte, die Hoffnung neuer
Bereiche und eine Ausweitung der Möglichkeiten und Chancen
auf jeder Ebene ankündigen. Es ist eine Zeit für einen nachhalti-

gen Wechsel der Prioritäten. Ihre Einstellung zu Ihrer Arbeit, zu Ihrem Partner, zu Ihren Freunden und der ganzen weiten Welt kann jetzt eine neue Qualität und Bedeutung gewinnen.

Sich dem Potential der Fünf zu öffnen verlangt Tapferkeit und Glauben. Während Sie die Kräfte der Eins, Zwei, Drei und Vier selbst erzeugen, werden die Kräfte der Fünf, Sechs, Sieben, Acht und Neun *durch Sie hindurch* erzeugt. In den ersten vier Jahren eines Neun-Jahres-Zyklus wird das Schwergewicht auf das Individuum gelegt: Jahr Eins betont das physische Selbst, Jahr Zwei das emotionale Selbst, Jahr Drei das geistige Selbst und Jahr Vier den individuellen Willen. Jahr Fünf betont den kollektiven Willen, den auf Größeres und Höheres gerichteten Willen der Menschheit.

Wenn Sie sich also dem Einfluß und dem Potential der Fünf öffnen, müssen Ihre Wahrnehmungen und Perspektiven sich ändern, und das geschieht oftmals auf eine äußerst radikale Weise. Statt sich selbst im wesentlichen als einen Einzelmenschen zu sehen, werden Sie nun vielleicht beginnen, sich als einen Weltbürger wahrzunehmen, der Teil einer größeren Ordnung ist und mit ihr in Harmonie lebt.

Ihre Ideen und Ihre Arbeit können sich nun von kleinlichen, egoistischen Motiven lösen und sich auf größere, kollektive Ziele und Ideale richten. Bedeutung und Sinn werden von jetzt an in Ihrem Leben eine immer größere Rolle spielen. Wenn Sie bisher mit beschränkten Ideen und kleinen Gruppen gearbeitet haben, beginnen sie jetzt möglicherweise, mit kühneren Ideen und mit einer größeren Zahl von Menschen zu arbeiten.

Es ist, als wären Sie eine Zeitlang ganz zufrieden und gemütlich im vierten Gang gefahren, und erst jetzt fällt Ihnen ein, daß Sie auch noch in den fünften Gang schalten können. Nun wird die Fahrt ruhiger verlaufen, und Sie fahren weitaus ökonomischer. Im Unterschied zum Jahr der Vier sind harte Arbeit, Disziplin, Fleiß und beharrliche Anstrengung jetzt nicht die obersten Prioritäten. Im Gegenteil, es ist nun an der Zeit, sich zu entspannen und sich kühnen und weitsichtigen Ideen, Plänen und Konzepten zu öffnen. Effektive Kommunikation ist ebenfalls ein Leitgedanke der Fünf.

In der Zeit der Fünf erwacht möglicherweise der Philosoph in Ihnen. Ihre eigenen Bedürfnisse, Träume und Wünsche zu befriedigen genügt Ihnen nicht mehr. Ihre persönliche Welt, die Ihnen so lange bequem und angenehm erschien, kommt Ihnen jetzt vielleicht unbefriedigend vor. Jetzt könnte es an der Zeit sein, Ihren persönlichen Ehrgeiz hintanzustellen und sich in den Dienst eines größeren Projekts zu stellen.

Während der Zeit der Fünf beginnt vielleicht auch der Reisende in Ihnen nach neuen Zielen Ausschau zu halten. Der Aufbruch zu neuen Horizonten kann auch das Kennenlernen neuer Kulturen und Städte bedeuten, vielleicht sogar, um sich dort niederzulassen. Wenn Sie sich der Kraft der Fünf öffnen und auch der Versuchung widerstehen, auf die Schattenkraft der Vier zurückzufallen, dann entwickeln Sie vielleicht ein intensives Bedürfnis zu reisen, zu forschen und zu entdecken.

Die Zeit der Fünf ist eine Zeit der Veränderung. Die Veränderung hat ihren Ursprung in Ihnen selbst und manifestiert sich dann nach außen, in Ihrer Umgebung. Deshalb ist es während der Zeit der Fünf äußerst wichtig, sich selbst zu erkunden, um mehr über sich selbst zu erfahren. Ihre innere Stimme wird in dieser Zeit Ihre augenblicklichen Lebensumstände möglicherweise in Frage stellen.

Die Aufgabe der Fünf ist nicht, irgendeine, sondern die *richtige* Veränderung in die Wege zu leiten. Das Jahr der Fünf kann leicht zu einem Jahr des Machtkampfes zwischen den Kräften der Vier und der Fünf werden. Sie haben ein Jahr der Vier durchlebt, und nun, im Jahr der Fünf, ist die Vier Ihre Schattenkraft. Wenn Sie jetzt auf die Vier zurückfallen, dann werden Sie sich möglicherweise selbst verleugnen. Jetzt ist die Zeit, sich zu öffnen, über sich selbst hinauszuwachsen, und Ihre Energien nicht nur in die eigenen Pläne, sondern in ein größeres Projekt zu investieren.

Sechs: Sie gewinnen Weisheit

Das Jahr der Sechs ist eine Zeit, um weise Einsichten in das eigene Leben zu gewinnen. Es ist eine Zeit, in der wir aus allen uns augenblicklich angebotenen Lehren Erkenntnisse ziehen und mit Gelassenheit und Weisheit die Zukunft planen sollen. Weisheit ist in der Zeit der Sechs Ihr Leitmotiv. Wir haben alle das Potential dazu; jetzt ist die Zeit, dieses angeborene Potential auch zu nutzen.

Während der Zeit der Sechs sind sowohl das Potential der Sechs als auch ihre Schattenkraft, die Drei, im Spiel. Die Sechs steht für Weisheit und Wissen, während die Drei Verstand und Intellekt repräsentiert. Die subtilen Unterschiede zwischen der Sechs und der Drei beschreibt der erste Erzbischof von Canterbury, St. Augustinus, der in seinem im fünften Jahrhundert entstandenen Werk *Über die Trinität* schrieb: »Zur Weisheit gehört das intellektuelle Begreifen der ewigen Dinge, zum Verstand das rationale Wissen über die zeitliche Dinge.« Denken Sie einmal einen Augenblick lang über diese Worte nach.

Den Unterschied zwischen der Drei und der Sechs beschreibt auch der englische Dichter William Cowper (1731–1800), der in seinem Buch *Winter Walk at Noon* sagt: »Rationales Wissen ist Stolz, so viel gelernt zu haben; Weisheit ist Demut, nicht mehr zu wissen, als man weiß.« Die Sechs steht auf einer höheren Ebene als die Drei. Sie wird von der Drei unterstützt und transzendiert sie zugleich. Die Drei repräsentiert geistige Aktivität, intellektuelles Geschick und Klugheit. Die Sechs ist eine Erfahrung, ein tiefes inneres Wissen und ein Seinszustand.

Während der Zeit der Sechs ist es gut, auf eine tiefere Ebene als

148

die der glänzenden Oberfläche des Lebens hinabzusteigen und dort eine Weile lang zu verharren, um die Entwürfe, Antriebe und Bestrebungen zu erkunden, die die Ereignisse auf der Oberfläche verursachen und beeinflussen. Es ist auch eine gute Zeit, um über die oberflächlichen Zerstreuungen des Lebens erhaben zu werden und sie vor einer höheren Warte aus zu beobachten.

In jedem Fall sollten Sie alle Möglichkeiten überdenken. Es ist einer der Charakterzüge eines wirklich weisen Menschen, daß er sich von der Verzweiflung nicht überwältigen läßt. Üben Sie, immer gelassen, ruhig und zentriert zu bleiben. Tief in Ihnen gibt es eine Instanz, von der Sie sich, wenn Sie sich auf sie konzentrieren, inspirieren und führen lassen können. Die Stimme Ihrer Intuition wird Sie beraten. Wenn Sie hingegen ausschließlich bei der Drei bleiben, dann wird das Licht der Sechs Ihnen nicht leuchten können.

Die Zeit der Sechs kann gute Möglichkeiten eröffnen, um Schönheit zu genießen und in Schönheit zu schwelgen. Genießen Sie alles Schöne, von dem Sie umgeben sind, und seien Sie dankbar dafür. Dies kann eine Zeit sein, um Ihre Kreativität zu wecken. Das Jahr der Sechs kann auch den Vermittler in Ihnen mobilisieren. Erkennen und nutzen Sie, wo immer möglich, die Chance, anderen Menschen Weisheit, Schönheit und Kreativität zu vermitteln.

Ebenso wie das Potential der Sechs den Dichter in Ihnen zum Leben erwecken kann, kann es auch Ihren Sinn für Romantik aktivieren. Eine der Aufgaben der Sechs ist es, das, was Sie im Leben schätzen, ausdrücklich zu preisen und zu genießen. Wie der amerikanische Dichter und Essayist Ralph Waldo Emerson schrieb: »Das Leben ist nur für den Weisen ein Fest.« Feiern Sie das Leben! Erkennen Sie die schönsten Seiten des Lebens, und genießen Sie sie! Streben Sie danach, mit dem, was an Gutem, Positivem mit Ihnen schwingt, Kontakt aufzunehmen und es ganz und gar in Ihre Persönlichkeit zu integrieren.

Sieben: Meditieren Sie

Das Jahr der Sieben kann ausgezeichnete Chancen für spirituelle Sammlung, spirituelle Studien und Wachstum bieten. Die Geburt eines spirituellen Bewußtseins und die eifrige Suche nach Spiritualität sind wesentliche Potentiale, die mit der Zahl Sieben assoziiert werden. Wenn Sie wirklich mutig sind, dann werden Sie sich Ihren eigenen spirituellen Dimensionen öffnen. Bisher haben Sie vielleicht das Spirituelle vernachlässigt oder gemieden. Jetzt aber ist es an der Zeit, es zu suchen, seine Sprache zu lernen, sich ihm auszusetzen und es zu erschaffen.

Wenn Sie im Jahr der Sieben sind, dann lesen Sie auf Ihrer Suche nach Führung und Orientierung einmal die Erkenntnisse des Schriftstellers Richard Wilbur. In seinem Buch *Advice to a Prophet (Rat an einen Propheten)* heißt es: »Lehr mich, wie du, Schöpfung ganz zu trinken; / Und mein Ego fortzuwerfen, um eine Seele zu werden«. Besser kann man die Aufgabe der Sieben wohl nicht definieren. Die Lehren der Sieben betreffen allesamt unsere Seele.

Die Zeit der Sieben kann eine Zeit der Liebe in all ihren Ausdrucksformen sein. Sie kann insbesondere eine Zeit der Großzügigkeit und liebevollen Toleranz sein. Wir müssen lernen, bedingungslose Liebe zu geben und zu empfangen. Liebe ohne Eigennutz, Liebe als ein Ergebnis von Weisheit und Einsicht und Liebe um der Liebe willen sind Leitgedanken der Zahl Sieben.

Das Potential der Sieben ist eindeutig auf einer höheren Ebene als das ihrer Schattenzahl Zwei. Eine der Aufgaben der Zeit der Sieben ist es, über die Zwei hinauszugehen und das Siebenerpotential zu beschwören. Das Jahr der Sieben kann deshalb eine Zeit der emotionalen Unruhe und Unentschlossenheit sein. Schmerz ist ein Zeichen für Störung und Krankheit; er kann jedoch auch ein Zeichen für Heilung und Wachstum sein. Sie sollten das Potential der Zwei ganz und gar in sich aufnehmen, freilich ohne daß dadurch das Potential der Sieben in den Schatten gestellt wird.

Beziehungen werden sich in der Zeit der Sieben ändern. Die befriedigendsten Beziehungen sind jene, die bei den jeweiligen Partnern Kreativität, Freiheit und persönliches Wachstum fördern. Wer unsicher und emotional instabil ist, bei dem wird das Wachstum des Partners große Ängste hervorrufen. Das Potential der Sieben verleiht die Stärke und Entschlossenheit, dem anderen für seine persönliche Entwicklung Raum zu geben. Mit unserer Toleranz und Großzügigkeit machen wir dem Partner ein lebensnotwendiges Geschenk.

Die Fähigkeit, sich auf andere einzustellen, sich in einen anderen Menschen einzufühlen, sich mit den Menschen und seiner Umgebung zu verbinden, kann sich in der Zeit der Sieben herausbilden und weiterentwickeln. Vielleicht beginnen Sie jetzt, sich stärker mit sich selbst und mit der Welt, die Sie wahrnehmen und erleben, zu versöhnen.

Acht: Gehen sie Verbindungen ein

Das Jahr der Acht ist eine Zeit, auf jeder Ebene Ihres Lebens mit anderen Kontakt aufzunehmen, mit ihnen zu schwingen und sich mit ihnen seelisch zu vernetzen. Es ist eine Zeit der Kommunikation, in der Ihre individuelle Energie in eine größere Aufgabe einfließt. Eine Verbindung mit sich selbst aufzunehmen, mit sich in Einklang zu leben, kann ebenfalls ein Potential für die Zeit der Acht sein.

Die Kraft der Eins kann Ihnen helfen, Ihr Potential zu realisieren, ein einzigartiges Individuum und ein kreativer und vitaler Mensch zu werden. Insbesondere hilft sie Ihnen, Ihre Einzigartigkeit im spirituellen Bereich zu erkennen. Sie lehrt auch, daß Ihr Anderssein Sie nicht von der Menschheit isoliert. Im Gegenteil, es verbindet Sie mit ihren Mitmenschen. Die ganze Menschheit ist in Ihnen, und Sie sind ein Teil der Menschheit. Einer der wesentlichsten Unterschiede zwischen der Eins und der Acht liegt darin, daß die Eins materiellen Ehrgeiz weckt und Erfolg befördert, während die Acht spirituellen Ehrgeiz und Erfolg befördert. Nach dem Wesentlichen Ausschau zu halten, sei es bei geschäftlichen Vorhaben, bei Menschen oder Ideen, ist eine der Herausforderungen, mit denen man üblicherweise während des Jahres der Acht konfrontiert wird. Von der Oberfläche kann man bekanntlich nicht auf das schließen, was darunter liegt. Die Fähigkeit, das Leben, das vor uns liegt, und die Menschen, die Teil unseres Lebens sind, wirklich wahrzunehmen, ist ein wesentliches Merkmal dieses Jahres. Je intensiver Sie mit dem Wesentlichen Ihrer Tätigkeiten und Interessen und mit dem Wesenskern der Menschen, die Ihnen wichtig sind, Verbindung aufnehmen, desto mehr Erfolg werden Sie haben.

Das Jahr der Acht ist häufig eine Zeit, um Alleinsein und innere Stille einzuüben. Auch hier sind, wie bei jeder anderen Zahl, die Ereignisse Ihrer eigenen inneren Welt genauso bedeutend wie die Ereignisse, die täglich um Sie herum stattfinden. Von wesentlicher Bedeutung ist auch hier wieder die Verbindung mit sich selbst. Es wird Ihnen guttun, die Kunst der Selbstzentrierung, der Ruhe und Gelassenheit in Ihrem täglichen Leben zu praktizieren. Die Acht kann eine Zeit sein, in der sich bei uns oder bei unseren Mitmenschen der Tod einstellt. Wir wissen alle um den physischen Tod, aber dies ist nicht die einzige Todesart, die es gibt. Manchmal kann Tod das Ende von Instabilität, Niederlagen und Schwächen heißen. Die Raupe stirbt, um als Schmetterling die Freiheit zu erleben. Wenn wir ihnen entwachsen sind, dann müssen wir bereit sein, alte Häute abzuwerfen. Es wird Zeiten in Ihrem Leben geben, in denen Sie über sich selbst und andere hinauswachsen; in diesen Zeiten müssen Sie bereit sein, weiter voranzuschreiten, auch wenn das bedeutet, daß Sie allein sind.

Während die Kraft der Eins männliche Stärke aktiviert, aktiviert die Kraft der Acht weibliche Stärke. Deshalb kann sich Ihr intuitives, kreatives und übersinnliches Selbst während der Zeit der Acht ganz besonders gut entwickeln. Die intuitiven, kreativen und übersinnlichen Dimensionen Ihres Selbst sind, besonders zu Anfang, unfaßbar, unsichtbar und schwer zu messen oder zu beurteilen. Dennoch dürfen Sie sie keinesfalls verleugnen.

Die Zeit der Acht kann auch eine Zeit sein, um Hilfe zu leisten und anzunehmen. Die Menschen, die Ihnen nahestehen, wissen Ihre Stärke und Ihr Engagement zu schätzen.

Vielleicht ist dies auch eine Zeit, in der *Sie* einmal Hilfe brauchen und diese dankbar annehmen. Wir sind einzigartig, aber, wie John Donne schrieb: »Niemand ist eine Insel.« In der Tat: *Niemand kann eine Insel sein.*

Neun: Beenden Sie

Das Jahr der Neun bringt Sie an das Ende eines natürlichen Lebenszyklus. Dies ist also nicht die Zeit für neue Anfänge. Es ist vielmehr eine Zeit, um zurückzublicken, zu überarbeiten und zu bilanzieren. Schauen Sie sich die Vergangenheit an, überlegen Sie, was gut und was schlecht lief – und fragen Sie sich warum. Jedes Jahr ist ein besonderes Jahr mit einer ganz spezifischen Bedeutung. Dies gilt besonders für jedes Neunerjahr. Je gründlicher und gewissenhafter Sie sich während der Zeit der Neun prüfen, desto leichter werden Sie durch den nächsten Zyklus kommen.

Während der Zeit der Neun ist es gut, über die Ereignisse der vergangenen acht Jahre nachzudenken. Eine der größten Lektionen des Lebens ist, daß es immer wieder neue Lektionen zu lernen gibt. Schauen Sie sich jedes der vergangenen Jahre an, und beurteilen Sie, was Sie gelernt haben, und was Sie noch lernen müssen; sehen Sie sich an, wo Sie Siege davongetragen und wo Sie vielleicht Niederlagen erlitten haben. Selbstanalyse in jedem Bereich Ihres Lebens wird Ihre Entschlossenheit stärken und Ihnen in Ihren zukünftigen Erfahrungszyklen nützlich sein.

Die Zeit der Neun kann eine wahrhaft großartige Phase sein. Im neunten Jahr können Sie die Früchte Ihrer Bemühungen der vergangenen acht Jahre ernten. Es ist die Zeit der Vollendung, des Höhepunkts, des Gipfels und des letzten Wortes. Jetzt müssen Sie bereit sein, etwas aufzunehmen und zu empfangen. Dies ist eine wesentliche Vorbereitung auf Ihre zukünftigen Zyklen.

Vergleichen wir das Leben einmal mit einer Wendeltreppe, die in den Himmel hinaufführt: Wenn wir ein Neunerjahr erreicht haben, dann haben wir einen weiteren Abschnitt dieser Treppe erklommen. Nun müssen wir uns wiederum bereit machen, einen neuen Abschnitt, eine neue Erfahrungsebene anzugehen. Sie werden mit dem Bewußtsein des Potentials, das in Ihnen steckt, und auch mit den Lehren und der Erfahrung der Vergangenheit dafür gut ausgerüstet sein.

Jetzt ist die richtige Zeit, die unvollendeten Projekte der Vergangenheit abzuschließen. Es ist eine Zeit, um in sich und um sich herum ein Gleichgewicht zu schaffen. Wenn Ihnen noch jemand etwas schuldig ist – jetzt ist die Zeit, es entgegenzunehmen; wenn Sie noch jemandem etwas schuldig sind – jetzt ist die Zeit, dafür zu sorgen, daß es zurückgezahlt wird. Schauen sie sich Freunde, Beziehungen, Geschäftliches, Spiritualität und jeden anderen Bereich Ihres Lebens an, und entscheiden Sie, wie Sie am besten zu einem Ausgleich und zu einem Abschluß gelangen können.

Ehrlichkeit und Fairneß sich selbst und anderen gegenüber sind wesentliche Charakteristika der Zeit der Neun. Je ehrlicher und fairer Sie jetzt zu sich selbst und zu anderen sind, um so ehrlicher und fairer wird das Leben während des nächsten Zyklus auch zu Ihnen sein. Richtige Selbsteinschätzung ist lebenswichtig. Es ist genauso lebenswichtig, weder zu hart noch zu nachsichtig zu sich selbst zu sein. Dadurch würde das Ziel der Numerologie und des Lebens vereitelt: das Wachstum und die Entwicklung des eigenen Potentials und somit die Entdeckung und Verwirklichung der eigenen wahren Natur.

Kapitel 7

Der numerologische Kalendermonat

Jeden Tag erwacht die Welt, für den, der sie richtig zu
nehmen weiß, zu neuem Leben.

James Russell Lowell

Eine der aufregendsten Aufgaben, mit denen wir im Leben
konfrontiert sind, besteht darin, die einzigartigen Chancen zu
erkennen und zu nutzen, die uns jeder Tag bietet. Es ist, als ob
jeder Tag eine neue Karte unerforschten Territoriums, auf dem es
einen Schatz zu heben gilt, vor uns ausbreitet. In jeder Stunde
eröffnen sich Ihnen neue Möglichkeiten, mit denen Sie vielleicht
nie wieder konfrontiert werden.

Ganz in der Gegenwart leben zu können ist eine wunderbare
Fähigkeit. Die Gegenwart ist der Augenblick des *Jetzt,* in dem
unsere Energien wirksam werden, in dem wir die Kontrolle
übernehmen und Veränderungen bewirken. Über die Vergangenheit können wir nachdenken und unsere Lehren aus ihr ziehen;
was die Zukunft anbetrifft, so hegen wir bestimmte Hoffnungen
und Erwartungen und bereiten uns darauf vor. Oft sind wir so sehr
in unseren Erinnerungen oder in unseren Zukunftsplänen gefan-
gen, daß wir den Augenblick des *Jetzt* vernachlässigen. *Aber nur
im Jetzt gelingt es uns, die Vergangenheit und auch die Zukunft,
die wir uns wünschen, zu gestalten.*

Nur wenn wir *im Augenblick* leben, gelingt es uns, uns auf das
Potential, das gerade jetzt in uns und um uns lebendig ist, einzustimmen und es zu nutzen. Wenn wir jeden Tag als neue Geburt
ansehen, können wir uns und andere durch diese verstärkte Sen-

sibilität für die Werte des Lebens bereichern und beglücken. Jeden Tag in seiner Fülle zu erleben ist eines der höchsten Ziele der Numerologie. In Einklang mit dem Potential des Augenblicks zu leben und entsprechende Erfordernisse des Augenblick zu behandeln – das ist es, was ein erfülltes Leben ausmacht.

Der Numerologe studiert die Philosophie und die Wissenschaft der Zahlen, um mit den Rhythmen und Zyklen des Potentials und der Chancen, die sich in einem bestimmten Augenblick bieten, in Einklang zu sein. Wenn Sie über die Bedeutung jeder einzelnen Zahl nachsinnen, ist es möglich, mit einem Bewußtsein für die Einzigartigkeit jeden Augenblicks Ihres Lebens zu leben. Deshalb hat nicht nur jedes Jahr, sondern auch jeder Monat und jeder Tag eine Zahl. Tatsächlich können Sie, wenn Sie die genaue Minute und Sekunde Ihrer Geburt kennen, auch die Zahlen für jede Minute und Sekunde Ihres Lebens berechnen. Aber vielleicht würde das denn doch ein bißchen zu weit führen!

Wie immer gibt es zwei Rhythmen und Zyklen, die in jedem Augenblick wirksam sind. Der eine ist der universelle Rhythmus und Zyklus, der alles Leben erhält. Dieser ordnet das Leben und das Potential, von dem Sie umgeben sind. Der andere ist Ihr persönlicher, individueller Rhythmus und Zyklus. Dieser ordnet das Leben und das Potential, das in Ihnen ist.

Ihre universelle Monatszahl

Jeder Monat Ihres Lebens stellt einen Zeitzyklus dar, der sowohl universelles als auch persönliches Potential in sich birgt – *Potential, das dieser Zeit zu eigen ist.* Dieses Potential wird jeweils von einer *Universellen Zahl* bzw. einer *Persönlichen Zahl* symbolisiert.

Eine einfache und sehr wirksame Vorgehensweise in der Numerologie besteht darin, sich zu Beginn eines neuen monatlichen

Zyklus hinzusetzen und über die Bedeutung der jeweiligen universellen Monatszahl nachzusinnen. Auf diese Weise können Sie sich darin üben, sich auf das Sie umgebende Potential des Augenblicks einzustellen und damit im Einklang zu leben.

Ihre universelle Monatszahl ist relativ einfach zu berechnen. Sie addieren die laufende universelle Jahreszahl und den gegenwärtigen Kalendermonat. Die Summe der beiden Zahlen ergibt die universelle Monatszahl.

Universelles Jahr + Kalendermonat = Universeller Monat

Diese Berechnung verdeutlichen wir am besten an einem Beispiel. Wir nehmen das Datum **1. Januar 1993.** Zuerst müssen Sie die universelle Jahreszahl errechnen. Dafür addieren Sie alle Zahlen des Jahres 1993. Die Summe dieser Zahlen ergibt die universelle Jahreszahl: $1 + 9 + 9 + 3 = 22$. Um auf eine einzelne Grundzahl für die universelle Jahreszahl zu kommen, ziehen Sie die Quersumme, addieren also $2 + 2$ (22) und erhalten **4.** Die Vier ist die universelle Jahreszahl für 1993.

Die Zahl für den Monat **Januar** ist die Eins. Also addieren Sie nun, um auf die universelle Kalendermonatszahl zu kommen, 4 ($1 + 9 + 9 + 3$) und 1 (Januar) und kommen so auf Fünf. Die Fünf ist die universelle Monatszahl für Januar 1993. Deshalb wird das Fünferpotential während dieser Zeit in einer universellen Dimension aktiv sein. Sie wären also gut beraten, wenn Sie sich am Anfang eines Monats der Fünf die Zeit nehmen würden, über das kollektive Potential der Fünf nachzusinnen und beispielsweise Ihren möglichen Beitrag zum Fortschritt der Menschheit zu bedenken.

Ihre persönliche Monatszahl

In der Numerologie sollten Sie sich zu Beginn jedes neuen Monats die Zeit nehmen, über das mögliche Potential und die Chancen, die durch Ihre persönliche Monatszahl symbolisiert werden, nachzusinnen. Während die universelle Monatszahl ein Symbol für das Leben um Sie herum ist, ist Ihre persönliche Monatszahl ein Symbol für das Leben in Ihnen. Deshalb erfordert das Nachdenken über die persönliche Monatszahl ein stärkeres Maß an Selbstbeobachtung.

Ihre universellen Zahlen fordern Sie fortwährend auf, die Welt um Sie herum zu betrachten und zu erkunden; Ihre persönliche Zahlen fordern Sie hingegen auf, sich die Welt, die in Ihnen ist, genau anzuschauen. Bei allem, was Sie erleben, *hinauszuschauen und hineinzuschauen* – das ist ein wesentliches Ziel und die Lehre der Numerologie.

Um nun Ihre persönliche Monatszahl zu ermitteln, addieren Sie einfach Ihre gegenwärtige persönliche Jahreszahl und Ihre gegenwärtige Kalendermonatszahl. Die Summe dieser beiden Zahlen ergibt Ihre persönliche Monatszahl.

Persönliches Jahr + Kalendermonat = Persönlicher Monat

Wir verdeutlichen diese Berechnung an einem Beispiel, wobei wir annehmen, daß Ihre persönliche Jahreszahl schon ausgerechnet wurde. Die volle Gleichung für diese Zahl wurde in Kapitel 6 wiedergegeben. Wir gehen einmal davon aus, daß Ihre persönliche Jahreszahl Sieben sei. Wir nehmen einen Kalendermonat, beispielsweise Februar, dessen Zahl die Zwei ist. Um auf Ihre persönliche Monatszahl zu kommen, addieren Sie 7 + 2 (persönliche Jahreszahl + Zahl für Februar) und kommen so auf **9**. Neun ist also Ihre persönliche Monatszahl. Während dieser Zeit wären Sie gut beraten, wenn Sie sich die Lektionen und Wahrheiten

Ihres Lebens betrachteten und zu unterscheiden versuchten, wann und wo in Ihrem Leben Sie den richtigen Weg eingeschlagen haben und wann und wo Sie in die Irre gingen.

Ihre universelle Tageszahl

Jeder Tag Ihres Lebens besitzt ein Potential, das zu diesem bestimmten Zeitpunkt reif ist. Wie dieses Potential zu erkennen und zu nutzen ist und wie man von ihm lernen kann, all das sind Fragen, die uns dem Ziel unserer numerologischen Suche näher-bringen. Auch die Kenntnis unserer universellen Tageszahl hilft uns weiter.

Ihre universelle Tageszahl errechnen Sie, indem Sie einfach Ihre universelle Monatszahl zu Ihrer Kalendertagszahl hinzuzählen.

Universeller Monat + Kalendertag = Universeller Tag

Wenn das Datum also der **5. April 1993** ist, und Ihre universelle Monatszahl ist beispielsweise Zwei, dann addieren Sie einfach 2 + 5 (5. April) und kommen so auf **7**. Sieben ist in diesem Beispiel die universelle Tageszahl. Wieder wäre es ratsam, zu Beginn des Tages über die Bedeutung der Sieben nachzusinnen und sich dann auf das Potential der betreffenden Zahl, von dem man umgeben ist, einzustimmen.

Ihre persönliche Tageszahl

Ihre persönliche Tageszahl hat für Sie ganz allein eine ganz spezifische Bedeutung. Diese Zahl wurde in den alten Numero-logieschulen manchmal streng geheimgehalten oder nur nach einer schwierigen Initiation preisgegeben.

Jeder Tag hat für Sie eine persönliche Bedeutung, die sich in Ihrer persönlichen Tageszahl ausdrückt, und in früheren Zeiten hätten Sie, um einen Hinweis auf die Bedeutung des betreffenden Tages zu bekommen, vielleicht erst einmal beweisen müssen, daß Sie der Ehre würdig sind, die betreffende Zahl zu kennen.

Um auf die persönliche Tageszahl zu kommen, addieren Sie die gegenwärtige persönliche Monatszahl und die laufende Kalendertageszahl.

Persönlicher Monat + Kalendertag = Persönlicher Tag

Um dies noch einmal zu veranschaulichen, nehmen wir einmal an, Ihre persönliche Monatszahl sei die Sechs, und das Datum sei der **2. April 1993.** Entsprechend wäre Ihre persönliche Tageszahl 6 + 2 (persönliche Monatszahl + Kalendertagszahl), also **8.** Die Acht ist in diesem Beispiel die persönliche Tageszahl. Sie sollten also einmal in sich hineinhorchen und sich entsprechend der Bedeutung der Acht prüfen. Was sind hinsichtlich der Kraft der Acht Ihre Stärken und Schwächen? Was vernachlässigen Sie? Schaffen Sie genügend Ausgleich? Überkompensieren Sie etwas? Solche Fragen sind die Basis einer täglichen liebevollen Selbstanalyse, durchgeführt entsprechend der jeweiligen Tageszahl.

Kernzahlen

Es gibt in der Numerologie eine weitere Gleichung für jeden täglichen Lebenszyklus, mit Hilfe derer man das *wesentliche Potential* und die *wesentlichen Lehren* des Tages herausfindet. Die Zahl, die sich daraus ergibt, ist eine persönliche Zahl und hat deshalb nur für Sie allein eine Bedeutung.

Möglicherweise fühlen sie sich beim Studium der Numerologie von der Menge der Zahlen in ihrem Leben überwältigt. Wenn das

der Fall ist, möchten Sie vielleicht nur einige wenige Zahlen auswählen, um sich auf sie zu konzentrieren. Beispielsweise könnten
Sie ihre persönliche Geburtstagszahl, Ihre universelle und persönliche Jahreszahl und die *Kernzahl* für jeden Tag auswählen.
Dies wäre eine sinnvolle, ausgeglichene Anwendung der Numerologie.

Um Ihre persönliche Kernzahl für jeden beliebigen Tag Ihres
Lebens zu ermitteln, addieren Sie Ihre gegenwärtige persönliche
Jahreszahl mit Ihrer gegenwärtigen persönlichen Monatszahl und
Ihrer gegenwärtigen persönlichen Tageszahl.

Persönliches Jahr	+	Persönlicher Monat	+	Persönlicher Tag	=	Persönliche Kernzahl

Wenn Sie Ihre persönliche Kernzahl für einen bestimmten Tag
errechnet haben, dann ist es möglich, täglich eine lohnenswerte
und bereichernde, aus drei Schritten bestehende Numerologie-
übung zu machen.

Den ersten Schritt machen Sie beim Morgengrauen oder zu
Beginn des Tages. Sie nehmen sich ein wenig Zeit, um über den
Sinn und die Bedeutung Ihrer persönlichen Kernzahl für den
kommenden Tag nachzusinnen. Dies ist eine wunderbare Methode, um sich auf die Fülle des bevorstehenden Tages vorzuberei-
ten. Sie trainieren Ihre Fähigkeit, Potentiale zu erkennen. Dies ist
wesentlich, denn wenn Sie eine Chance nicht wahrnehmen, dann
ist sie für Sie wie nicht vorhanden.

Der zweite Schritt besteht darin, Ihre persönliche Kernzahl als
eine Art Lupe zu benutzen, durch die Sie im Laufe des Tages die
innere und äußere Welt ganz genau betrachten. Ob Sie an Ihrem
Arbeitsplatz sind, zu Hause bei der Familie oder im Urlaub, Sie
können Ihre Kernzahl heranziehen, um die Art, wie Sie sich auf
den jeweiligen Tag beziehen und ihn erleben, zu beeinflussen.

Den dritten und letzten Schritt machen Sie am Ende des Tages, wenn Sie zu Ihrer Kernzahl zurückkehren, um bilanzierend über die Ereignisse des Tages nachzudenken. Was waren Ihre Lektionen für diesen Tag? Was haben Sie richtig gemacht? Was haben Sie falsch gemacht? Was könnten Sie ändern? Was könnten Sie beibehalten? Wenn Sie sich diese Fragen ernsthaft stellen, werden Sie sehr aufschlußreiche Antworten erhalten.

Verwandte Tage oder Affinitätstage

Sie haben in jedem monatlichen Zyklus *verwandte Tage* oder *Affinitätstage*. Diese verwandten Tage werden nach einer Methode berechnet, die ein wenig abweicht von der, die angewandt wird, um den universellen Monat und Tag, den persönlichen Monat und Tag und die persönlichen Kernzahlen zu bestimmen. Mit verwandten Tagen haben Sie es zu tun, wenn Ihre persönliche Geburtstagszahl mit der Zahl des laufenden Kalendertages übereinstimmt.

Während dieser Zeiten der Affinität sind die Potentiale, Möglichkeiten und Wahrscheinlichkeiten, die durch Ihre persönliche Geburtstagszahl symbolisiert werden, zugänglicher, reifer und vielversprechender als zu anderen Zeiten. Dies sind, mit anderen Worten, gute Zeiten, um die Kraft, die durch die persönliche Geburtstagszahl symbolisiert wird, zu verwirklichen. An diesen Tagen können sich Ihnen der Sinn und die Bestimmung Ihrer persönlichen Existenz enthüllen.

Eins

Wenn Ihre persönliche Geburtstagszahl die Eins ist oder wenn die Zahl Eins gehäuft in Ihrem persönlichen Diagramm auftaucht, dann sind Ihre Affinitätstage am 1., 10., 11., 19. und 28. Tag jedes monatlichen Zyklus. An diesen Tagen kann das Einser-Potential, also etwa Kreativität, Originalität, neue Anfänge, usw.

besonders deutlich zum Vorschein kommen. Dies kann auch eine Zeit für neue Ideen, Pläne und Ziele sein und ebenso für ein wiedergewonnenes Interesse und ein erneutes Engagement. Orientierung, ein klarer Kurs und eine sichere Gangart sind in dieser Zeit besonders wichtig; Fortschritt, Erfolg und Anerkennung stehen auf jeden Fall ins Haus. Wenn Sie von der Zahl Eins wesentlich beeinflußt werden, ist es besonders wichtig zu wissen, wer und was in Ihrem Leben die »Nummer Eins« ist. Die verwandten Tage können Ihnen Hinweise geben.

Zwei

Wenn Ihre persönliche Geburtstagszahl die Zwei ist oder wenn die Zahl Zwei in Ihrem numerologischen Diagramm gehäuft vorkommt, dann sind Ihre Affinitätstage am 2., 11., 20., 22. und 29. jedes monatlichen Zyklus. An diesen Tagen kann die Bedeutung der Zahl Zwei, die mit Intuition, Gefühl und Romantik zu tun hat, offensichtlicher als sonst zutage treten. Diese Affinitätstage können auch eine Zeit sein, um auf Ihre innere Stimme und Ihre Intuition ganz besonders zu achten. Sie sind ferner eine Zeit der seelischen Verbindungen. Beziehungen können sich während der Zeit der Zwei zum Besseren oder zum Schlechteren entwickeln. Die Zwei kann als Kraft der Dualität bedeuten, daß Sie an diesen Tagen eine sehr intensive Freude oder Traurigkeit erleben. Erinnern Sie sich immer daran, *daß die Entscheidung bei Ihnen liegt.*

Drei

Wenn Ihre persönliche Geburtstagszahl die Drei ist oder wenn die Zahl Drei häufig in Ihrem persönlichen Diagramm auftaucht, dann sind Ihre Affinitätstage am 3., 12., 21. und 30. Tag jedes monatlichen Zyklus. An diesen Tagen können Sie die Kraft der Drei in Ihrem Leben sehr aktiv werden lassen. Ihre expansiven, fortschrittlichen, extravertierten und optimistischen Qualitäten können sich voll entfalten. Ihr scharfer, logischer Verstand kann Ihnen gute Dienste leisten. Der Erfolg und das »natürliche« (und in gewisser Weise hart verdiente) Glück, das mit der Zahl Drei assoziiert wird, mögen sich ebenfalls einstellen. Sie werden immer erfolgreich sein, aber worin? Es gibt Erfolge, die uns glücklich machen und befriedigen, aber andere, die das nicht tun. Sind Sie klug und feinfühlig genug, um zwischen den beiden unterscheiden zu können?

Vier

Wenn Ihre persönliche Geburtstagszahl die Vier ist oder wenn die Vier in Ihrem persönlichen Diagramm stark vertreten ist, dann sind Ihre Affinitätstage am 4., 13., 22. und 31. Tag jedes monatlichen Zyklus. An diesen Tagen wird sich wohl die Stärke der Vier klar manifestieren. Arbeit, Aktivität, Anstrengung, Wille, Aufmerksamkeit fürs Detail und beharrliches Engagement werden die entsprechend positiven Ergebnisse zeitigen. Ihre Begeisterung und Ihre Energie, Ihr natürlicher Schwung und Ihre Anziehungskraft werden wunderbar stark und lebendig sein. Sie fragen sich an diesen Tagen möglicherweise: Was ist es, worauf ich in meinem Leben wirklich hinarbeiten möchte? Welches sind die Anliegen und Ideale, die ich in meinem Leben verwirklichen möchte? Welcher Aufgabe soll ich mein Leben wirklich widmen?

Fünf

Wenn Ihre persönliche Geburtstagszahl die Fünf ist oder wenn die Zahl Fünf in Ihrem persönlichen Diagramm ungewöhnlich häufig vertreten ist, dann sind Ihre Affinitätstage am 5., 14. und 23. Tag jedes monatlichen Zyklus. An diesen Tagen haben Sie vielleicht ein besonderes Interesse an Kommunikation, Reisen, Begegnungen mit anderen Menschen und Teamarbeit. Als ein Fünfer haben Sie von vornherein das Potential, in fast allem, was Sie in Angriff nehmen, sehr geschickt und erfolgreich zu sein.

Ihre natürliche Vielseitigkeit wird sich an den Affinitätstagen in Bestform zeigen. Ihre Verbindung zum Kollektiven, zur Menschheit und auch Ihre Begabung für den selbstlosen Dienst am anderen kann Sie an diesen Tagen dazu bewegen, wieder darüber nachzudenken, wonach Sie in diesem Leben wirklich streben wollen. Ihre Fähigkeit, Kommunikation, Inspiration, Kreativität und Heilung zu kanalisieren, wird sicherlich ebenfalls zum Tragen kommen.

Sechs

Wenn Ihre persönliche Geburtstagszahl die Sechs ist oder die Zahl Sechs in Ihrem persönlichen Diagramm häufig erscheint, sind Ihre Affinitätstage am 6., 15. und 24. Tag jedes monatlichen Zyklus. Besinnen Sie sich an diesen Tagen auf die Weisheit Ihres höheren Selbst; halten Sie bei allem, was in Ihrem Leben passiert, nach den Botschaften der Weisheit Ausschau, und lassen Sie sich von ihren Lehren leiten. Was sind die Ideale, die Sie motivieren? Sind diese Ideale Ihre eigenen? Können Sie erreicht werden? Welche Richtung müssen Sie einschlagen? Welche Hindernisse liegen in Ihrer Umgebung bzw. in Ihnen selbst? Zu Ihrem besonderen Potential gehören hervorragende Leistung, innovative Konzepte und Einsicht. Für Menschen, die weltlich von der Zahl Sechs beeinflußt werden, ist das Leben wie ein Schachspiel; nutzen Sie die Affinitätstage, um Ihre Meisterzüge zu machen.

Sieben

Wenn Ihre persönliche Geburtstagszahl die Sieben ist oder wenn die Zahl Sieben häufig in Ihrem persönlichen Diagramm auftaucht, dann sind Ihre Affinitätstage der 7., 16. und 25. Tag jedes monatlichen Zyklus. Diese Tage können den Philosophen und Dichter in Ihnen aktivieren. Was Ihr Arbeit betrifft, so werden Sie wahrscheinlich an diesen Tagen Ihr Bestes geben. Sie vermögen, tiefe, unbewußte Kräfte in sich zu beschwören und haben vielleicht das Gefühl, im »Siebten Himmel« zu schweben. Leitgedanken für diese Tage sind Romantik, Liebe und Verschmelzung. Diese Affinititätstage sind womöglich eine Gelegenheit, um sich still zurückzuziehen, um nachzusinnen, sich Zeit für sich selbst zu nehmen, sich zu entspannen und eine Weile lang über das Leben zu meditieren. Dies kann auch eine gute Zeit sein, um an der Beziehung zu sich selbst ebenso wie an den Beziehungen zu seinen Mitmenschen zu arbeiten.

Acht

Wenn Ihre persönliche Geburtstagszahl die Acht ist oder wenn die Zahl Acht in ihrem persönlichen Diagramm zahlreich vertreten ist, dann sind Ihre Affinitätstage der 8., 17. und 26. Tag jedes monatlichen Zyklus. An diesen verwandten Tagen tun Sie gut daran, Ihr Organisationstalent und Ihre Kontaktfähigkeit einzusetzen und zu pflegen. Ist es Ihnen gelungen, Ihr Leben sinnvoll zu organisieren? Gibt es eine bestimmte Vorgehensweise, die Sie für sich selbst entwickelt haben? Wenn nicht, warum ist das nicht der Fall? Wie könnten Sie Ihr Leben sinnvoller organisieren? Diese Fragen sind für Sie besonders wichtig. Eine klare Richtung ist entscheidend, ebenso die Fähigkeit, diese Richtung in Ihrer jeweiligen Umgebung und in Ihrem täglichen Leben beizubehalten. Dem Spirituellen Aufmerksamkeit zu schenken ist den Menschen, die wesentlich von der Zahl Acht beeinflußt werden, ein wichtiges Anliegen. An diesen Tagen ist es gut, die Welt von einem spirituellen Blickwinkel aus zu betrachten. Welches sind die spirituellen Lehren, die das Leben Ihnen im Augenblick anbietet?

Neun

Wenn Ihre persönliche Geburtstagszahl die Neun ist oder wenn die Zahl Neun in Ihrem persönlichen Diagramm ungewöhnlich häufig auftritt, dann sind Ihre Affinitätstage der 9., 18. und 27.

Tag jedes monatlichen Zyklus. Ihre Wahrnehmung, Ihre Beobachtungsgabe, Ihr Unterscheidungsvermögen, Ihre Entschlußkraft und Ihre Urteilsfähigkeit sind allesamt Potentiale der Zahl Neun, die an diesen Affinititätstagen besonders stark in Aktion sein können.

Aufmerksamkeit fürs Detail, Realismus und praktische Veranlagung kommen an diesen Tagen möglicherweise ebenfalls besonders gut zum Tragen. Zusammenfassung und Schlußfolgerung, Rückblick, Revision und Reflektion: dies sind kennzeichnende Aspekte des Neunerpotenials. Die Neun aktiviert Ihr *Höheres Selbst,* das Ihnen helfen wird, nicht nur die Bäume, sondern den ganzen Wald zu sehen. Diese Tage können auch eine Zeit sein, um neue Entscheidungen zu fällen und zu neuen Horizonten aufzubrechen. Bevor Sie jedoch den Hafen bestimmen, den Sie als nächstes anlaufen wollen, nehmen Sie sich die Zeit, ein wenig auszuruhen, und frühere Erfahrungen zu verinnerlichen. Durch gründliches Nachdenken über die Vergangenheit und Vorausplanen der Zukunft werden Sie für Ihre Reise besser gerüstet sein.

Anhang A

Numerologische Beispieldiagramme
berühmter Persönlichkeiten

Lassen Sie uns nun einen Blick auf die numerologischen Diagramme von vierzehn bekannten Persönlichkeiten werfen. Was in den früheren Kapiteln dieses Buches theoretisch erklärt worden ist, werden wir uns jetzt einmal in der Praxis anschauen; sicher wird Ihnen dabei die Kraft der Numerologie bewußt werden. Sie werden erkennen, wie das Studium des eigenen numerologischen Diagramms die Selbsterkenntnis fördern kann. Im Anschluß werden Sie ein unausgefülltes persönliches Diagramm finden, in das Sie die Details Ihrer persönlichen Geburts- und Namenszahlen eintragen können. Anhang B bietet einen Überblick über die Bedeutung Ihrer Zahlen; Anhang C bietet einen Index der Zahlenprofile vieler prominenter Persönlichkeiten der Vergangenheit und Gegenwart.

Ronald Reagan

Ronald Wilson Reagan war von 1981 bis 1989 Präsident der Vereinigten Staaten von Amerika. Es hieß, daß sowohl er als auch seine Frau Nancy während seiner Amtszeit Astrologen konsultiert hätten. Um die Numerologie und den potentiellen Einfluß von Zahlen auf ihr Leben scheinen sich die Reagens aber nicht gekümmert zu haben. Schade eigentlich, denn die Numerologiediagramme dieser beiden Persönlichkeiten sind eine faszinierende Lektüre.
Ronald Reagan wurde am 6. Februar 1911 geboren. Seine per-

sönliche Geburtszahl ist die Zahl Zwei. Die Zahl Zwei ist ein Symbol für das Potential von Gefühl und Seele. Sie ist ein weibliches Potential, das mit Instinkten, Intuitionen und Ahnungen arbeitet, und steht auch für Kreativität. Ronald Reagan hat zwei Zweier in seinem Diagramm, was ein Hinweis darauf sein kann, daß sich Ronald Reagan bei seinen Entscheidungen wahrscheinlich stärker auf seine Gefühle als auf seinen Intellekt verlassen haben dürfte.

Wie in Kapitel 5 beschrieben, teilt die Numerologie das Leben in drei wesentliche Abschnitte ein, die jeweils ungefähr 27 Jahre dauern. Die *Geburtstagszahl* repräsentiert ein Potential für den ersten Abschnitt des Lebens, die *Geburtsmonatszahl* ein Potential für den zweiten und die *Geburtsjahreszahl* ein Potential für den dritten Lebensabschnitt. Es ist interessant, daß auch der zweite Abschnitt von Ronald Reagans Leben von einer Zwei beherrscht wird. Außerdem ist auch die persönliche Namenszahl Ronald Reagens eine Zwei.

In die politische Öffentlichkeit trat Ronald Reagan gegen Ende seines zweiten Lebensabschnitts. 1966 setzte er sich bei der Wahl zum Gouverneur von Kalifornien gegen Edmund G. Brown durch, der kurz zuvor Richard Nixon in diesem Amt abgelöst hatte. Dieser Zeitpunkt war wahrscheinlich für ihn besonders günstig, da sein dritter Lebensabschnitt von der Zahl Drei beherrscht wird, einem exzellenten Potential für Erfolg, soziales Prestige, intellektuelle Kompetenz und einen quicklebendigen Verstand. Ronald Reagan konnte bei seinem Streben nach der Präsidentschaft auf dieses gesamte Potential zurückgreifen.

Obwohl die Zahl Zwei in Ronald Reagans Diagramm dominiert, gibt es keinen Zweifel daran, daß in Anbetracht der sechs Einsen die Zahl Eins der *herrschende Einfluß* ist. Das Einserpotential weckt Ehrgeiz und den Wunsch nach Erfolg. Es aktiviert auch den Führer und Patrioten in einem Menschen. Ronald Reagan war zunächst als Radio-Sportreporter sehr erfolgreich, dann als Filmschauspieler und schließlich als Politiker. Er hatte in vielerlei Hinsicht Führungsqualitäten. Ganz offensichtlich wollte er Amerika zur einflußreichsten Nation der Welt machen.

Ronald Reagan hat keine Zahl des Willens (Vier). Die Tatsache, daß er sechs Einsen hat, wiegt dieses Defizit gewiß auf. Das Diagramm seiner zweiten Frau, Nancy, beinhaltet dagegen zwei Vieren. Die Ansicht, daß Nancy indirekt sehr viel mehr Macht ausübte als der Präsident selbst, wird dadurch untermauert. Ein weiterer »Partner« Ronald Reagens, Margaret Thatcher, hat drei Vieren in ihrem Diagramm. Dies erklärt zum Teil, warum sie einander sympathisch waren und so gut miteinander kooperierten.

Ronald Reagan hat keine Kraft der Sieben in seinem Diagramm, wohl aber Nancy Reagan. Auch hier scheinen sich die beiden gut zu ergänzen. Jedoch hat weder Ronald noch Nancy eine Fünferkraft. Diese Zahl könnte von Verwandten aufgefüllt werden, die so zur Harmonie der Familie beitragen. Oder vielleicht fühlen sie sich beide zu Fünferfreunden hingezogen. Dies ist sehr wahrscheinlich, da wir alle bis zu einem gewissen Grad von unseren Gegensätzen angezogen werden. Der Grund dafür ist, daß die Harmonie, die durch die gegenseitige Ergänzung entsteht, zum Frieden und zur Ganzheit führt.

Margaret Thatcher

Margaret Thatcher wurde nach den Parlamentswahlen im Mai 1979 Englands erste Premierministerin. Sie blieb elf Jahre lang im Amt; in dieser Zeit entwickelte und etablierte sie eine neue Politik und Wirtschaftsphilosophie, genannt »Thatcherismus«. Ihre konsequente Zielstrebigkeit und starke Führungskraft trugen ihr den Spitznamen »Eiserne Lady« ein. Es ist daher nicht verwunderlich, wenn wir feststellen, daß Margaret Thatchers persönliche Geburtstagszahl die Zahl Vier ist.

Das Viererpotential aktiviert oft unbeirrbaren Eifer, rückhaltloses Engagement und beharrliche Entschlossenheit. Das Gerücht, daß Margaret Thatcher während ihrer Amtszeit nur vier Stunden in der Nacht schlief, ist durchaus glaubwürdig! Es ist auch interessant, daß Frau Thatchers persönliche Namenszahl ebenfalls eine Vier ist. Darüber hinaus erscheint die Kraft der Vier dreimal in ihrem Diagramm. Das weist auf ein großes Potential an geistiger Stärke, Willen und Zähigkeit hin. Margaret Thatcher wurde wegen dieser Eigenschaften von vielen ihrer Landsleute geliebt und verehrt, hatte aber auch viele leidenschaftliche Gegner.

Wie bei Ronald Reagan ist auch bei Margaret Thatcher der *herrschende Einfluß* ihres numerologischen Diagramms die Zahl Eins, die sechsmal erscheint. Die Zahl Eins aktiviert Führungskraft und den Wunsch nach Erfolg. Zuerst als Chemikerin, dann als Juristin und schließlich als Politikerin war die »Eiserne Lady« äußerst erfolgreich. Es ist bemerkenswert, daß bei ihr die Zahl Eins in allen drei Lebensabschnitten auftaucht: in der Dreizehn, der Zehn und der 1925. Man kann mit Recht vermuten, daß diese Kraft und dieses Potential während ihres ganzen Lebens aktiv waren und es auch zukünftig sein werden.

Wenn Sie die drei Vieren mit den sechs Einsen kombinieren, dann haben Sie ein beeindruckendes Potential an Willen, energischer Zielstrebigkeit und vitaler Stärke. Ferner fällt auf, daß Frau Thatcher zwölf männliche Zahlen gegenüber fünf weiblichen Zahlen in ihrem Diagramm hat. Die satirische Fernsehserie *Spitting Image,* die das britische Vorbild für die deutsche Sendung »Hurra Deutschland« ist und in der Margaret Thatcher als Mann, im Anzug und eine Zigarre rauchend, präsentiert wurde, war bei vielen Engländern überaus beliebt, nicht zuletzt, weil sie einen Kern an Wahrheit enthielt.

In der Numerologie gibt es die Königreiche des Lichts und des Schattens. In Margaret Thatchers Schattendiagramm werden die sechs Einsen zu sechs Achten. Die Acht symbolisiert ein Potential für Management, Organisation, Kontrolle und Autorität. Die Zahl Acht ist auch der *herrschende Einfluß* in Margaret Thatchers drittem Lebensabschnitt, der ungefähr 1979 begann, in dem Jahr, in dem sie erstmals zur Premierministerin wurde. Die Kraft der Acht besitzt überdies ein spirituelles Potential. Das kann sich allerdings nur manifestieren, wenn die sechs Einsen und die drei Vieren sinnvoll kontrolliert werden.

Margaret Thatcher hat keine Sechs in ihrem Numerologiediagramm. Aber da die Nummer Eins sechsmal erscheint und so von der Zahl Sechs beherrscht wird, wird dieser Mangel in gewisser Weise aufgewogen. Denis, Margaret Thatchers Ehemann, hat dagegen zwei Sechsen in seinem numerologischen Diagramm. Denis Thatcher hat – im Gegensatz zu seiner Frau – keine Acht. Man kann deshalb annahmen, daß sich ihre Potentiale gegenseitig unterstützen und ergänzen. In beiden numerologischen Diagrammen ergibt sich schließlich eine überraschende Übereinstimmung: Denis und Margaret haben beide genau sechs Einsen!

Prinz Charles

Prinz Charles, seine königliche Hoheit der Prinz von Wales, ist der älteste Sohn Königin Elisabeths II. und daher der englische Thronfolger. Prinz Charles persönliche Geburtstagszahl ist die Zwei, ein Symbol für Gefühl, Intuition, Seele und weibliches Potential.

Die Zahl Zwei fördert oft den Wunsch nach etwas Alternativem und/oder Komplementärem. Prinz Charles Interesse an alternativer und ergänzender Medizin, an Umweltdebatten und -kampagnen und an orthodoxen wie unorthodoxen spirituellen Lehren ist typisch für diesen potentiellen Einfluß der Zahl Zwei. Seine Aufgeschlossenheit und Toleranz sind ebenfalls Potentiale, die von der Zahl Zwei gefördert werden.

Die Zahl Zwei hat eine seelische Dimension. Prinz Charles wurde als »ein moderner Mensch auf der Suche nach einer Seele« beschrieben. Seine Kampagne, der modernen Architektur die Kälte zu nehmen, sie sozusagen zu beseelen, sein Interesse an Ethik, Moral und einem hohen Bildungsstandard, seine Wertschätzung der Kunst und auch seine Verbindung mit Menschen wie Sir Laurens van der Post, dem Forscher, Philosophen und Autor von Büchern wie *Venture to the Interior (Vorstoß ins Innere)* – das sind Aspekte seiner Persönlichkeit, die möglicherweise von dem Potential der Zahl Zwei beeinflußt und unterstützt werden.

In Prinz Charles numerologischem Diagramm gibt es vier Zweier. Das bedeutet, daß die Zahl Zwei von der Kraft der Vier beherrscht wird. Mit anderen Worten, das Gefühls- und Seelenpotential wird von der Kraft des Willens, der Entschlossenheit und der energischen Zielstrebigkeit beherrscht. Es ist deshalb sehr wahrscheinlich, daß Prinz Charles bei fast allen seinen Aktivitäten von der Zahl Zwei motiviert wird. Diese These wird durch die Tatsache gestützt, daß die Zahl Vier zweimal in seinem Diagramm erscheint und deswegen von der Kraft der Zwei beherrscht wird.

Der *herrschende Einfluß* in Prinz Charles numerologischem Diagramm ist jedoch weder die Zahl Zwei noch die Zahl Vier, sondern die Zahl Eins, die sechsmal auftaucht. Seine Aktivitäten als Forscher, Abenteurer, begeisterter Sportler, als Repräsentant der Nation und Thronfolger entsprechen diesem Aspekt seines numerologischen Diagramms. Die sechs Einsen werden in Prinz Charles' Schattendiagramm zu sechs Achten, was auf mögliche angeborene, aber noch verborgene Potentiale hinweist, die im Laufe seines Lebens noch aktiviert werden. Dafür spricht vor allem das Auftreten der vier gefühlvollen Zweien im Diagramm: Vier Zweien ergeben Acht, was dieses Potential weiter verstärkt.

Prinzessin Diana

Prinz Charles und Diana Spencer heirateten 1981. Ihre Romanze wurde damals mit einem Märchen und mit der Artuslegende verglichen. Und dank der Fernsehkameras konnte alle Welt an der Hochzeit teilnehmen.

Prinz Charles und Prinzessin Diana ergänzen sich in den beiden am stärksten von der Romantik bestimmten Potentialen, nämlich in ihren persönlichen Geburtstagszahlen. Prinz Charles hat die Zwei, Prinzessin Diana die Sieben. Die Beziehung zwischen der Zwei und der Sieben enthält das Drama der Liebe. Die Zahl Zwei symbolisiert ein Potential für gefühlvolle Liebe, aber auch für eine sehr turbulente Beziehung. Die Zahl Sieben symbolisiert ein Potential für spirituelle, bedingungslose Liebe, doch auch hier fehlt das Potential für eine sehr turbulente Beziehung nicht.

Da Prinz Charles eine Zwei und Prinzessin Diana eine Sieben ist, haben sie ein sehr starkes Potential, das gleichermaßen für gegenseitige Unterstützung und heftige Differenzen stehen kann. Beide, Prinz Charles und Prinzessin Diana, werden die Beziehung zwischen der Zwei und der Sieben kontrollieren müssen. Bei Prinz Charles erscheint die Zahl Zwei in seinem Diagramm viermal, und so manifestiert sich die Zahl Sieben viermal in seinem Schattendiagramm. Bei Prinzessin Diana erscheint die Zahl Sieben dreimal in ihrem Diagramm, in ihrem Schattendiagramm manifestiert sich also ebenso oft die Zahl Zwei. Beide, Charles und Diana, durchleben deshalb in ihrem individuellen Leben und in ihrem Leben zu zweit die Dramatik der Zwei und der Sieben.

Die Zuneigung, die ein Mensch für einen anderen Menschen empfindet, kann sehr häufig mit Hilfe der Zahlen enträtselt und verstanden werden. Es kann deshalb sehr aufschlußreich sein, das eigene Diagramm mit dem der Menschen, die man liebt, zu vergleichen. »Lady Di« mag sich zu Prinz Charles hingezogen gefühlt haben, weil sein Diagramm das ihrige auf viele verschiedenen Arten ergänzt und ausgleicht. Diana hat keine Zweien; Charles hat vier. Diana hat keine Vieren; Charles hat zwei. Und Diana hat keine Fünf, Charles aber hat eine. So hat Prinz Charles ganz sicher ein Potential zur Verfügung, mit dem er seine Prinzessin unterstützen kann.

Umgekehrt hat Charles keine Sechsen; Diana hat zwei. Charles hat nur eine Sieben; Diana hat drei. Und Charles hat nur eine Acht, während Diana zwei hat. So hat auch Prinzessin Diana das Potential, die Lücken in Prinz Charles' numerologischem Diagramm auszufüllen.

Weder Prinz Charles noch Prinzessin Diana haben eine Drei. Dadurch entsteht die Gefahr einer geistigen Distanz, Uneinigkeit und Unruhe zwischen ihnen. Es hat sich in der letzten Zeit erwiesen, daß diese geistige Distanz zwischen den beiden immer größer wird. Prinzessin Dianas fünf Einsen und Prinz Charles sechs Einsen sind Potentiale, die entweder miteinander in Harmonie sein oder heftig aufeinanderprallen können. Wieder einmal hängt sehr vieles von der Beziehung zwischen der Zwei und der Sieben ab.

Marilyn Monroe

Marilyn Monroe stand die meiste Zeit ihres Lebens im grellen Scheinwerferlicht der Öffentlichkeit, aber vieles aus ihrem Privatleben bleibt für alle Zeiten ungeklärt. Die Frau, die als Norma Jean Baker geboren wurde und später den Namen Marilyn Monroe annahm, lebte ein Leben, das glanzvoll und reich an sozialen Kontakten, aber zugleich einsam und tragisch war.

Marilyn Monroes persönliche Geburtstagszahl ist die Zahl Sieben, die ein Symbol für das Potential der Liebe, den Geist der Romantik, poetische Philosophie und spirituelle Tiefe ist.

Marilyn Monroes enorme Popularität und Filme wie »Das ver-
flixte siebte Jahr« waren für dieses Potential die perfekten Aus-
drucksmittel. Von einigen Bewunderern wurde sie als »Sexgöt-
tin« bezeichnet, aber sicherlich hat man damit ihr eigentliches
Wesen verkannt. Viele ihrer Anhänger bewunderten vor allem
ihre Fähigkeit, das Wesen der romantischen, poetischen und
spirituellen Liebe zu vermitteln.

Die Sieben erscheint in Marilyn Monroes numerologischem Diagramm zweimal, und deshalb wird die Sieben von der Zwei
beherrscht. Hier gibt es wieder einmal einen Hinweis auf das
große Drama der Liebe, wie es von den Zahlen Zwei und Sieben
in Szene gesetzt wird. Der Konflikt zwischen spiritueller, gefühl-
voller Liebe und physischer, triebhafter Liebe birgt das Streit-
potential dieser beiden Zahlen. Drückte Marilyn Monroe durch
ihre Kunst und ihr Wesen spirituelle Liebe aus? Oder war es rei-
ner Sexappeal, den sie ausstrahlte? Wurden die Menschen von
Marilyn Monroes Sieben oder von den Zweien angezogen? Noch
heute zerbrechen sich ihre Biographen darüber die Köpfe.

Die Zahl Sieben kann – im positiven wie im negativen Sinn – den
Einzelgänger in Ihnen fördern. Marilyn Monroe lebte als Kind
sehr einsam in verschiedenen Waisenhäusern. Ihre glänzenden
Erfolge als weltberühmter Filmstar konnten das Gefühl der Einsamkeit nicht vertreiben. Sie starb wahrscheinlich allein; die
ganze Wahrheit über ihren Tod wird wohl nie ans Tageslicht
kommen. Marilyn Monroe war eine Einzelgängerin. Ihr dritter
Ehemann, der amerikanische Dramatiker Arthur Miller, schrieb
für sie das Drehbuch zu »Nicht gesellschaftsfähig«. In diesem
Film stellte Marilyn ein Mädchen dar, das sich verloren und sich
selbst fremd – also als Außenseiterin – fühlte.

Marilyn Monroes numerologisches Diagramm ist vor allem wegen dem, was *fehlt,* interessant. Es gibt keine Drei, keine Vier und
keine Fünf. Daß sie keine Drei hatte, hat gewiß dazu beigetragen,
daß man ihr Zeit ihres Lebens das Image des hübschen blonden

Dummerchens anzuhängen versuchte. Das Fehlen der Zahl Vier hätte durchaus durch die vier Einsen in ihrem Diagramm ausgeglichen werden können. Keine Fünf zu haben – d. h. kein Menschlichkeits- oder kollektives Potential – kann gut der Grund dafür sein, warum sie sich als Einzelgängerin fühlte.

Arthur Miller

Arthur Miller ist einer der einflußreichsten und geistreichsten Dramatiker der Moderne. Seine bedeutendsten Werke sind *Tod eines Handlungsreisenden,* das 1949 den Pulitzerpreis gewann, *Hexenjagd,* eine Anklage gegen den McCarthyismus, und *Nach dem Sündenfall,* das autobiographische Elemente über sein Leben mit Marilyn Monroe enthält.

Arthur Millers persönliche Geburtstagszahl ist die Zahl Sieben. Seine persönliche Namenszahl ist die Zahl Zwei. Wieder einmal haben wir die Sieben und die Zwei, die sich umeinander drehen. Beide Potentiale tendieren stark dahin, in Harmonie und Einklang miteinander zu arbeiten. Sehr oft jedoch wird dieses Potential nur gelegentlich, mitunter auch gar nicht verwirklicht. Daß diese Beziehung zwischen der Zwei und der Sieben eine potentielle Quelle für dichterische Inspiration ist, steht außer Frage.

Arthur Miller hat in seinem numerologischen Diagramm drei Siebener, also ein ziemlich dominantes Siebenerpotential. Drei Siebener bedeutet zudem, daß er das Potential besitzt, durch kontrollierte Steuerung des Geistigen das Siebenerpotential zu schützen. Die Aufgabe besteht nämlich darin zu verhindern, daß die Drei das Siebenerpotential in den Schatten stellt und unterdrückt.

Der *herrschende Einfluß* in Arthur Millers numerologischem Diagramm ist die Zahl Eins, die insgesamt siebenmal erscheint, also von der Sieben beherrscht wird. Sieben Einsen können entweder dazu dienen, die Kraft der spirituellen Liebe zu erden oder sie zu zerstören. Wie immer ist das Potential für alle Arten des Wachstums da. Erfahrung wird einen tiefen Einfluß darauf haben, ob, wann und wie dieses Potential sich entwickeln wird.

Wie bei Marilyn Monroe ist auch bei Arthur Miller die persönliche Geburtstagszahl Sieben. Dies ist also eine Gemeinsamkeit, und vielleicht wurde die Liebe, die sie füreinander empfanden, durch diese Gemeinsamkeit inspiriert. Die zwei Neunen, zwei Sechsen und eine Acht, die sie ebenfalls gemeinsam haben, mögen ihre gegenseitige Sympathie verstärkt haben. Arthur Miller hat keine Zwei; Marilyn Monroe konnte das mit einer Zwei ausgleichen. Marilyn Monroe hatte keine Fünf; Arthur Miller gleicht das mit einer Fünf aus.

Marilyn Monroe hat in Arthur Miller vielleicht die kultivierten, spirituellen und poetischen Dimensionen ihres eigenen Wesens gesehen. Sie wirkte frivol und zugleich erschreckend tiefgründig. Weder Arthur Miller noch Marilyn Monroe hatten Dreien oder Vieren. Vielleicht war es deshalb für sie schwierig, zu einer geistigen Übereinstimmung zu finden und ihre Willen und Zielvorstellungen im Leben zu harmonisieren. Ihre Beziehung scheint sowohl komplementär als auch gegensätzlich gewesen zu sein. Die Zahlen deuten an, daß das Paradox ein besonderes Kennzeichen in Marilyn Monroes Leben war.

Sigmund Freud

Der Neurologe Sigmund Freud, der von 1856–1939 lebte, hat das Bild des Menschen auf revolutionäre Weise verändert. Er war der Vater der Psychoanalyse und setzte sich für eine Reihe grundsätzlich neuartiger Theorien und Hypothesen ein, die das Menschenbild der modernen Psychiatrie und Psychologie entscheidend prägten. Ob wir nun den Freudschen Theorien zustimmen oder nicht, seine Forschungsmethoden und Experimente stützen oder anfechten – in jedem Fall hat Freud zur Entwicklung der modernen Psychologie einen wesentlichen Beitrag geleistet.

Sigmund Freuds persönliche Geburtstagszahl ist die Zahl Vier, ein Symbol für das Potential des Willens, der Entschlossenheit, der Beharrlichkeit und des Engagements. Sigmund Freud mußte alle seine Reserven an Stärke und Arbeitseifer nutzen, um den von konservativen Kreisen lancierten Angriffen gegen seine neuartigen Ideen und Theorien standhalten zu können. Viele seiner Gedanken waren der westlichen Welt völlig neu. Er wurde als »der Kopernikus des Geistes« bezeichnet. Lange Zeit war Freud in der wissenschaftlichen Welt mehr oder weniger isoliert.

Den *herrschenden Einfluß* in Sigmund Freuds numerologischem Diagramm teilen sich drei Einsen und drei Zweien. Die Zahl Eins ist in starkem Maße ein physisches Potential. Sie steht unter anderem für Ego, Ehrgeiz und Antrieb. Sigmund Freud prägte die Begriffe *Es, Ich* und *Über-Ich,* um die verschiedenen Schichten der menschlichen Seele zu beschreiben. Das Es steht für das unschuldige, instinktgeleitete und sinnliche Kind in Ihnen. Das Ich repräsentiert den sozial verantwortungsbewußten inneren Erwachsenen. Und das Über-Ich oder Ich-Ideal repräsentiert das Gewissen, das *Höhere Selbst* oder die Eltern in Ihnen. Sigmund Freud glaubte, daß Neurosen in vielen Fällen darauf zurückzuführen sind, daß es dem Ego nicht gelingt, zwischen dem Es und dem Über-Ich zu vermitteln.

Sigmund Freuds Psychologie war auch eine Psychologie der Triebe. Er prägte das Wort *Libido* und meinte damit den triebhaften, instinktbestimmten Anteil im Menschen. Das Einserpotential fördert sexuelle Attraktivität und Begierde und ebenso physische Stärke und Aggression. Sigmund Freuds Lehre wurde von manchen Kritikern als eine »physische Psychologie« beschrieben, in der dem Physischen, Emotionalen und Mentalen sehr viel Raum gegeben, in der aber das Spirituelle fast völlig außer acht gelassen wurde.

Die Zahl Zwei ist der andere herrschende Einfluß in Sigmund Freuds numerologischem Diagramm. Das ist deshalb besonders interessant, weil die Zahl Zwei unter anderem ein Potential für das Unbewußte ist. Sigmund Freud war der »Entdecker« des Unterbewußtseins. Er war es, der als erster die Theorie entwickelte, daß es der Bereich des Unbewußten ist, in dem viele Neurosen und Konflikte entstehen. Sigmund Freud erforschte die Hypnose und arbeitete dann später mit dem Mittel des freien Assoziierens und mit Träumen, die er als den »Königsweg zum Unbewußten« bezeichnete.

Ein weiterer wichtiger Einfluß in Sigmund Freuds numerologischem Diagramm ist die Zahl Sechs, die zweimal auftritt. Die Zahl Sechs ist auch seine persönliche Namenszahl. Insofern sein Werk Pionierarbeit war, er das psychologische Denken revolutionierte und seine Arbeit sämtliche anderen Schulen der modernen Psychologie beeinflußte, ist es sicher gerechtfertigt, Sigmund Freud als einen der großen Weisen seiner Zeit zu bezeichnen.

Sigmund Freud hat in seinem numerologischen Diagramm keine Sieben. Dies ist insofern bezeichnend, als in Sigmund Freuds Psychologie für das Phänomen der spirituellen Liebe kaum Platz ist. Seine Sichtweise der Menschheit war im wesentlichen von Pessimismus geprägt. Jedoch begann er in seinem siebten Hauptlebenszyklus, in der Zeit also, in der die Zahl Sieben ihr Potential wesentlich entfaltet, manche seiner Ideen abzuwandeln. Es war Freud, der zu einem späten Zeitpunkt seines Lebens sagte: »Letztlich müssen wir lernen zu lieben, um nicht krank zu werden.«

Carl Gustav Jung

Carl Gustav Jung war Psychologe und Philosoph. Er suchte nach Wegen, um Einheit, Zusammenhalt, Ganzheit und ein Gefühl der Geborgenheit in dieser Welt zu erlangen. Seine Suche führte ihn in Bereiche der Philosophie, der Metaphysik, der Archäologie, der Theologie, des Okkulten, der Alchimie, der Musik, der Kunst usw. C. G. Jungs Leben wurde oft mit dem Leben seines Mentors Sigmund Freud verglichen. Ihrer beider numerologischen Diagramme weisen interessante Ähnlichkeiten, aber auch deutliche Unterschiede auf.

Carl Gustav Jungs persönliche Geburtstagszahl ist die Zahl Neun, ein Symbol für Wahrheit und spirituelle Wahrheit, Gesetz und spirituelles Gesetz, Forschergeist und klares Unterscheidungsvermögen. Er widmete sein Leben der Suche nach Wahrheiten und Gesetzen über den Menschen. Die Zahl Neun ist auch ein Symbol für das *Höhere Selbst,* und Jungs Psychologie war in vielerlei Hinsicht eine des Höheren Selbst. Seine Konzeptionen der Teleologie und der Individuation waren Ausdruck seiner Überzeugung, daß das menschliche Selbst sich zwangsläufig auf einer Reise zur Ganzheit und zum Höheren Selbst befindet.

Der *herrschende Einfluß* in Carl Gustav Jungs numerologischem Diagramm ist die Zahl Eins, ein Symbol für den Wegbereiter und Forscher. Jung erkundete und erforschte die Welten in sich und außer sich gleichermaßen. Die Zahl Eins erscheint in seinem Diagramm dreimal, wird also von der Kraft der Drei regiert. Das bedeutet, daß seine physische Energie, seine ehrgeizigen Pläne und seine Entschlossenheit wahrscheinlich sehr stark von geistigen Überlegungen beeinflußt wurden. Es war der Geist, dem Jungs eigentliches Interesse galt. Die Zahl Eins hatte auch im numerologischen Diagramm von Sigmund Freud einen beherrschenden Einfluß.

Die Zahl Fünf erscheint in C. G. Jungs numerologischem Diagramm zweimal; sie ist außerdem seine persönliche Namenszahl. Die Zahl Fünf steht für das Kollektive, die Gruppe und die Menschheit. Zunächst stimmte Jung mit Sigmund Freuds Theorie des menschlichen Geistes überein. Später entwickelte er eine etwas andere Sichtweise: er unterteilte den unbewußten Geist in ein *persönliches Unbewußtes* und ein *kollektives Unbewußtes*. Es paßt ins Bild, daß der »Psychologe des Kollektiven« einen so starken kollektiven Einfluß in seinem numerologischen Diagramm hat.

Wenn man sich Jungs numerologisches Diagramm anschaut, dann fällt es zwangsläufig auf, wie gut die höheren Zahlen entwickelt sind. Da gibt es insgesamt drei Fünfen, zwei Sechsen, zwei Siebener, zwei Achten und zwei Neunen. Das bedeutet, daß seine spirituelle Seite ein sehr starkes Potential besitzt, das überdies mit drei Einsen, zwei Zweien und einer Drei sehr gut geerdet ist. Jungs Sichtweise der menschlichen Entwicklung war im Vergleich zu der Freuds im wesentlichen positiv und hoffnungsvoll. Die Zahlen in den Diagrammen dieser beiden Forscher deuten diese Unterschiedlichen von ihrem Potential her auch an. C. G. Jung hatte keine Vier, das Symbol für persönlichen Willen, in seinem numerologischen Diagramm. Jedoch deutet das Erscheinen von drei Fünfen, das Symbol für kollektiven Willen, ein Potential an, den kollektiven Willen über den individuellen Willen zu stellen. Dies bestätigt sich auch in seinem Leben, das er auf selbstlose Weise ganz in den Dienst seiner Vision und seines Glaubens an die Einheit der Kollektive, an eine einzige Menschheit und eine einzige Welt stellte.

Ernest Hemingway

Ernest Hemingway hat sich als einer der anregendsten, faszinierendsten und einflußreichsten amerikanischen Schriftsteller seiner Generation einen Platz in der Geschichte der modernen Literatur erobert. Er wurde am 21. Juli 1899 in Illinois geboren; seine Geburtstagszahl ist also die Eins. Die herrschende Zahl seines numerologischen Diagramms ist ebenfalls die Eins, die sechsmal erscheint. Die wesentlichen Potentiale der Zahl Eins haben sich in Ernest Hemingways Leben auf Schritt und Tritt gezeigt.

Obwohl er mehrere Male verheiratet war und viele berühmte Freunde hatte, etwa Scott Fitzgerald, Ezra Pound, Gertrude Stein und andere Exilamerikaner, die in Paris lebten, führte Ernest Hemingway das Leben eines Einzelgängers. Er war ein Exzentriker, ein kampflustiger und tyrannischer, ehrlicher und gütiger, spöttischer und aufrichtiger, verletzender und hilfsbereiter Mensch. Seine Arbeit wurde wesentlich von Einsamkeit und Isolation inspiriert, von Gefühlen, die er als das Berufsrisiko des Schreibens bezeichnete; lange Phasen seines Lebens quälten ihn Depressionen und Verzweiflung, und am Ende beging er Selbstmord.

Ernest Hemingway war ein Verehrer der Frauen und ein unerschrockener Forscher. Sein größtes dramatisches Werk war sein eigenes Leben. Gemäß dem Potential der Eins lebte Ernest Hemingway das Leben in seiner ganzen Fülle. Der Stierkampf in *Tod am Nachmittag,* die Großwildjagd in *Die grünen Hügel Afrikas,* das Meer in *Der alte Mann und das Meer,* die spanischen Kriegsabenteuer in *Wem die Stunde schlägt,* Spionagenetze in Kuba, FBI-Akten, Romantik, Ehebruch, Impotenz, Geschlechtskrankheit und Homosexualität – Ernest Hemingway hat alles erlebt oder zumindest alles sehr eingehend beschrieben.

Sein Schreibstil und sein Lebensstil waren bemerkenswert ähnlich. Tatsachen, Fiktion und Phantasie flossen oft ineinander über. Insbesondere seine Kurzgeschichten waren in einem lapidaren, abrupten, rauhen und unsentimentalen Stil geschrieben. Ernest Hemingway hat seinem Publikum geraten, seine Bücher zweimal zu lesen – einmal, um die geschriebenen Worte in sich aufzunehmen, und einmal, um das, was nicht geschrieben wurde, zu erfassen. Er hat behauptet, daß das Ausgelassene wichtiger sei als das Niedergeschriebene.

Bei der Betrachtung von Ernest Hemingways numerologischem Diagramm ist interessant, daß es zwei Nullen und keine Vier,

Fünf oder Sechs gibt. Diese Lücken haben wohl auch zu der Einsamkeit und Isolation beigetragen, mit denen Hemingway nie wirklich zu leben lernte. Immer wenn in einem numerologischen Diagramm die Fünfen fehlen, gibt es ein Potential für Gefühle der Einsamkeit und Ungeborgenheit.

Drei Neunen ist ein mächtiges Symbol für die Archetypen Richter und Urteil. Hemingway beurteilte alle Menschen, alle Dinge und Ereignisse. Jeder Aspekt seines Lebens wurde ausgelebt, geprüft und bewertet. Er war für die direkte, ehrliche und offene Äußerung seiner Meinungen bekannt. Er zögerte niemals, Stellung zu beziehen. Vor allem war er selbst sein strengster Kritiker.

Drei Neunen sind ein gewaltiges, reines Potential, das oft einen Sinn für eine bestimmte Berufung und eine Erfahrung des Spirituellen, des Höheren selbst einflößen kann. Hemingway rang sein ganzes Leben lang mit diesem Potential. Ein weiteres verbreitetes Potential der Zahl Neun, das im Falle von drei Neunen verstärkt wird, ist eine Tendenz, entsprechend seinen eigenen, ganz persönlichen Gesetzen zu leben. Hemingway, der Individualist, war kantig und unbequem, aber authentisch, eingeschworen auf seine eigene Wahrheit und letztlich der Schöpfer seiner eigenen Gesetze.

Der Nobelpreis für Literatur 1954 und der Pulitzerpreis 1952 für *Der alte Mann und das Meer* waren Auszeichnungen für einen Mann, der besessen war von einem rücksichtslosen, kompromißlosen Geist kreativer Unternehmungslust und gefährlichen Abenteuertums. Ernest Hemingways Zahlen helfen, Licht auf das Leben eines Menschen zu werfen, der allgemein bewundert, aber selten verstanden wurde.

Vincent van Gogh

Der holländische Maler Vincent van Gogh wurde am 30. März 1853 geboren. Wie Ernest Hemingway opferte er sein Leben der Kunst. Seine in wilden, leuchtenden Farben gemalten Bilder waren zugleich Therapie, eine Art Ventil für innere Spannungen, Ausdruck für ein seelisches Trauma und eine heftige Flut von Gefühlen. Beim Betrachten seiner Gemälde wird die Welt Zeuge des einsamen Strebens eines Menschen nach Befreiung von seinem seelischen Schmerz.

Vincent van Goghs persönliche Geburtstagszahl ist die Zahl Fünf, die auch zweimal in seinem numerologischen Diagramm erscheint. Das Fünferpotential inspiriert oft die inneren Archetypen des Vermittlers und Künstlers. »L'art pour l'art«, Kunst um der Kunst willen, reicht einem Fünfer gewöhnlich nicht aus; die Kunst eines Fünfers ist oft darauf angelegt, zu schockieren und zu provozieren. Es ist eine Kunst, die Wahrheiten, Ideen und Visionen vermittelt und hilft, die Lektionen des Lebens zu lernen. Der *herrschende Einfluß* in Vincent van Goghs numerologischem Diagramm ist die Zahl Drei. Diese symbolisiert ein Potential, das Geist, Denken, Logik, Ideen und geistige Kreativität beinhaltet. Da die Zahl Drei viermal in Vincent van Goghs Diagramm auftritt, wird das Dreierpotential stark von einem Potential des Willens, der Anstrengung und des zielstrebigen Bemühens geprägt. Diese seltene Anordnung von Zahlen ergibt ein sehr mächtiges Potential, das einen Menschen leicht überwältigen und zerstören kann. Ohne entsprechende Kontrolle kann ein derart starkes Potential einen Menschen innerlich verzehren.

Bei der Betrachtung eines numerologischen Diagramms ist es immer interessant, die Beziehung zwischen der Zahl Zwei (Gefühle) und der Zahl Drei (Geist) einzuschätzen. Vincent van Gogh hat vier Dreien, aber keine Zwei. Eine so auffällige Kraft der Drei kann ohne emotionale Unterstützung ganz sicher problematisch werden. Die physische Zahl Eins wird von der Zahl Drei gestärkt, da die Eins dreimal auftaucht und somit das Ungleichgewicht zwischen Zwei und Drei noch vergrößert.

Während des ersten Lebensabschnitts, der ersten 27 Jahre im Leben von Vincent van Gogh, war die Zahl Dreißig möglicherweise ein besonders aktives Potential. Die Dreißig besteht aus einer Drei und einer Null – eine Kombination, die einzigartige geistige Originalität und kreative Geisteskraft symbolisieren kann. Der zweite Lebensabschnitt wird auch durch das Potential der Drei (März) versinnbildlicht. Vincent van Gogh beging im Alter von siebenunddreißig Jahren Selbstmord, im ersten Jahr nach seinem dritten Hauptlebenszyklus, dem Geistzyklus.

Vincent van Gogh hat zwei Achter in seinem numerologischen Diagramm, und auch seine persönliche Namenszahl ist die Acht. Deshalb hat er insgesamt drei Achter, was eine enge Verbindung zwischen dem Spirituellen (Acht) und dem Geistigen (Drei) andeutet. Vincent van Gogh, der Sohn eines calvinistischen Predigers, arbeitete, bevor er sich der Kunst zuwandte, als Wanderprediger in den belgischen Kohlegebieten. Wer van Goghs Briefe an seinen Bruder Theo liest, wird erschüttert sein über das spirituelle Leiden eines Künstlers, der zu sensibel war, um in dieser Welt zu überleben.

Elizabeth Taylor

Elizabeth Taylor, der Kinderstar, aus dem später eine reife, begabte Schauspielerin wurde, hat Zeit ihres Lebens im Licht der Öffentlichkeit gestanden. Ihre Filme, einschließlich *National Velvet* (1944), *Cleopatra* (1962) und *Wer hat Angst vor Virginia Woolf?* (1966) – die beiden letzteren drehte sie zusammen mit Richard Burton – waren große Publikumserfolge und gewannen zugleich die Anerkennung der Kritiker. Jedoch war keine ihrer

Filmrollen so dramatisch und so tragisch wie das Drama ihres eigenen Lebens.

Wann immer die persönliche Geburtstagszahl und die Namenszahl eines Menschen gleich sind, hat das Potential dieser Zahl die Tendenz, im Leben des Betreffenden eine vorherrschende, entscheidende Rolle zu spielen. Elizabeth Taylors persönliche Geburtstagszahl und die Namenszahl sind beide Acht. Das Potential der Zahl Acht beinhaltet ein weibliches, spirituelles, kreatives und heilendes Potential. Dieses Potential kann oft ätherische, spirituelle und übersinnliche Sensibilität fördern, besonders wenn die Acht nicht von ihrer Schattenkraft Eins verdunkelt wird.

Elizabeth Taylor hat zwei *herrschende Einflüsse* in ihrem numerologischen Diagramm, und zwar vier Einsen und vier Zweien. Die Zahl Eins ist beispielsweise typisch für einen Filmstar, der im Zentrum der Aufmerksamkeit steht und von Schriftstellern, Regisseuren, Biographen, Verlegern und Bildreportern in Beschlag genommen wird. Eine Eins in vierfacher Ausführung ist tendenziell ein sehr kraftvolles Potential für Ehrgeiz, Willen, Geradlinigkeit und zielstrebigen Fleiß. Vier Einsen können helfen, das Fehlen der Vier in Elizabeth Taylors Diagramm zu kompensieren.

Vielleicht ist das interessanteste Kennzeichen ihres numerologischen Diagramms der vorherrschende Einfluß der vier Zweien. Die Zwei ist die Zahl des Dramas, des Spiels, des Theaters und der Bühne. Viele der größten Schauspieler und Schauspielerinnen der Welt haben ein herausragendes Potential der Zwei in ihrem numerologischen Diagramm. Dieses Potential kann ihnen zum Beispiel helfen, sich in andere Menschen einzufühlen, Rollen zu spielen, zusammenzuarbeiten, zu kombinieren, zu verstehen, zu imitieren und sich zu verändern.

Die Zwei ist auch die Zahl des Gefühls und der Seele, der Eintracht oder des Konflikts, der Bindung oder der Trennung. Elizabeth Taylor machte während ihres ganzen Lebens den Eindruck großer emotionaler Verletzlichkeit. Ihre in der Vergangenheit geschlossenen Ehen haben leider nicht für die Harmonie, das Glück und die Ganzheit gesorgt, die sie sich ersehnte.

Die Zahl Zwei zeigt sich auch in Liz Taylors ersten beiden Lebensabschnitten. Der erste Abschnitt, der ungefähr die ersten siebenundzwanzig Jahre des Lebens umfaßt, wird von der Geburtstagszahl, in diesem Fall siebenundzwanzig, dargestellt. Siebenundzwanzig ist das klassische Symbol des archetypischen Dramas der emotionalen und spirituellen Liebe. Die Lehre der Siebenundzwanzig ist, daß die Harmonie mit sich selbst die Grundlage aller Harmonie ist.

Ihr zweiter Lebensabschnitt, von etwa siebenundzwanzig bis vierundfünfzig, wird von der Geburtsmonatszahl, der Zwei, repräsentiert. Der dritte Lebensabschnitt, von ungefähr vierundfünfzig bis einundachtzig, wird von der Geburtsjahreszahl, die eine Zwei beinhaltet, aber addiert Sechs – die Zahl der Weisheit – ergibt, repräsentiert. Die Lebenslinie der Sechs kann Elizabeth Taylor möglicherweise ein Potential bieten, die Lektionen ihres Lebens zu lernen, zu verstehen und zu akzeptieren. Die Sechs ist eine Zeit, um weise zu sein.

Richard Burton

Der weltberühmte, temperamentvolle walisische Schauspieler wurde am 10. November 1925 geboren. Zu vielen Frauen, besonders zu Elizabeth Taylor, hatte er eine außerordentlich leidenschaftliche Beziehung, die mehrmals unterbrochen und wieder aufgenommen wurde. Seine Darstellungen im Film und seine Auftritte auf der Bühne (ebenfalls häufig zusammen mit Elizabeth Taylor) sind in die Film- und Theatergeschichte eingegangen. Seine persönliche Geburtstagszahl ist die Zwei, typisch für einen Menschen, dessen schauspielerische Talente ihn berühmt gemacht haben.

Richard Burton stellte meist wütende, feindselige, verbitterte, gequälte und von Gefühlen beherrschte Charaktere dar. Seine Rollen in Filmen wie *Alexander der Große* (1956), *Blick zurück im Zorn* (1959), *Cleopatra* (1962), *Becket* (1964) und *Equus* (1977) verlangten ihm ab, eine ganze Skala menschlicher Stärken und Schwächen zu erforschen, sich in sie einzufühlen und sie darzustellen.

Die faszinierende Ausstrahlung und das persönliche Charisma dieses Mannes wurden zweifellos von seinem *herrschenden Einfluß,* der Eins, bestimmt. Die Kraft der Eins erscheint in Richard Burtons numerologischem Diagramm erstaunlicherweise achtmal. Das Potential der Eins, das Ehrgeiz, Originalität, Zielstrebigkeit, Geradlinigkeit, Feuer, Energie und Kreativität beinhaltet, war in seiner Persönlichkeit offensichtlich. Und vielleicht waren es die acht Einsen, durch die Elizabeth Taylor, eine Nummer Acht-Persönlichkeit, sich besonders zu Richard Burton hingezogen fühlte. Acht Einsen zu haben weist zudem auf ein sehr kraftvolles spirituelles Potential hin.

In jedem seiner Lebensabschnitte war Richard Burtons vorherrschendes Potential die Zahl Eins. In der Tat sind, wenn man sein Geburtsdatum (10. 11. 1925) anschaut, vier der ersten fünf Zahlen Einsen, die andere Zahl ist eine Null. Diese Zahlenanordnung weist auf das Potential für eine enorme Aura von Stärke, Energie und Anziehungskraft hin. Das Einserpotential ist so kraftvoll, daß Burton sich in seinem Leben zuweilen von diesem spezifischen Einfluß beherrscht und getrieben gefühlt haben mag.

Richard Burton hat drei Zweien in seinem numerologischen Diagramm; er hat also ein deutliches Potential an Emotion, Einfühlung und Seele. Seine drei Zweien können eine starke Emotionalität bedeuten, die möglicherweise durch eine geistige Stärke geschützt wurde. Eine Sechs ist nicht vorhanden, aber die drei Zweien (3 x 2 = 6) können bedeuten, daß Richard Burton fähig war, weise zu handeln – ob er wirklich weise war, ist eine andere

Frage, die nur seine Kollegen, Freunde und engsten Vertrauten beantworten können.

Die Form von Richard Burtons und Elizabeth Taylors numerologischen Diagrammen ist im wesentlichen dieselbe. Die Kraft ihrer persönlichen Diagramme konzentriert sich auf die ersten beiden Zahlen. Die Anordnung ihrer Zahlen ist derart, daß die Eins und die Zwei leicht alle anderen Potentiale in den Schatten stellen können. Richard Burton und Elizabeth Taylor teilen dieselben Potentiale bei den Zahlen Drei, Fünf, Sieben und Acht – das ist als Zeichen für Harmonie zu deuten. Jedoch hat keiner von beiden eine Vier, und daher kann es sein, daß der persönliche Wille und die Lebenspläne beim Partner keine Unterstützung fanden. Für zwei so kraftvolle Persönlichkeiten hätte ein Fehlen der Vier durchaus auch tödlich wirken können.

Alfred Hitchcock

Der englische Filmregisseur Sir Alfred Hitchcock war ein Meister seines Faches, dessen Regieführung unvergleichliche Spannung, Gruseln und kribbelnde Erregung erzeugte. Er spezialisierte sich auf das Genre des niveauvollen Krimis und psychologischen Thrillers und schaffte großartige Meisterwerke wie zum Beispiel *Neunundreißig Stufen* (1935), *Weißes Gift* (1946), *Der Fremde im Zug* (1951), *Bei Anruf Mord* (1953), *Das Fenster zum Hof* (1945), *Psycho* (1960) und *Die Vögel* (1963).

Hitchcocks persönliche Geburtstagszahl ist die Zahl Drei, das Potential, das geistige Kreativität, Erfindungsgabe, Ideen und Phantasie enthält. Die Kraft der Drei ist im wesentlichen ein geistiges Potential. Hitchcock war in der Lage, gleichsam in die Köpfe seiner Drehbuchautoren, Schauspieler und Zuschauer hineinzublicken. Seine faszinierenden Filme wurden intellektuelle Meisterwerke, mit Darstellungen von Hinterhältigkeit und Betrug, Einsicht und Täuschung, Genie und Wahnsinn. Die Zahl Drei erscheint in Hitchcocks numerologischem Diagramm dreimal und stellt so ein kraftvolles geistiges Potential dar. Drei Dreien ergeben eine Neun. In dem ausgefüllten Diagramm gibt es drei Neunen, und Hitchcocks persönliche Namenszahl ist ebenfalls eine Neun. Die Neun ist ein Potential für eine gute Beobachtungsgabe, Verständnis und unvoreingenommene Wahrnehmung. Sie kann auch ein Potential darstellen, sich seine eigenen Gesetze zu machen. Man wird sich noch viele Jahrzehnte lang an Hitchcock als einen genialen Exzentriker erinnern.

Der *herrschende Einfluß* in Hitchcocks numerologischem Diagramm ist die Zahl Eins, die viermal auftritt. Es scheint, als hätte Sir Alfred dieses Potential gut genutzt, um einzigartige, außerordentlich kreative Filme zu machen. Hitchcocks Regie war für seine Zuschauer und seine Kollegen aus der Filmbranche beispielhaft. Sein Schaffen inspirierte besonders in den 50er Jahren eine innovative und phantasievolle Gruppe französischer Filmemacher, die sich unter dem Namen *Nouvelle Vague (Neue Welle)* zusammenschloß.

Die Zahl Zwei erscheint in Hitchcocks numerologischem Diagramm dreimal. Wie Elizabeth Taylor und Richard Burton hat auch Sir Alfred wahrscheinlich dieses Potential der Zwei genutzt, um Gefühle mitreißend und glaubwürdig darzustellen und Spannung zu schaffen. Drei Zweien sind oft ein numerologisches Symbol für die Kontrolle des Geistes über die Gefühle. Die wirklich guten Filmregisseure haben die Fähigkeit, die Gefühle ihrer Zuschauer mit Hilfe ihrer Kunst und ihrer Ideen zu manipulieren; Hitchcock verwendete eine Vielzahl von Techniken, etwa ganz kurz eingeblendete und dadurch nur unterschwellig wahrnehmbare Wörter, um dieses Ziel zu erreichen.

Die meisten Unterhaltungskünstler haben eine signifikante Anzahl an Fünfen in ihrem numerologischen Diagramm, und bei vielen Regisseuren ist eine starke Präsenz von Sechsen nachweisbar. Hitchcock hatte keines von beiden. Das Fehlen der Sechsen konnte jedoch von den Dreien, deren Schatten die Sechs ist, ausgeglichen werden. Der Mangel an Fünfen kann nicht so leicht von irgendeiner anderen Zahl im Diagramm ausgeglichen werden. Sehr oft versucht ein Mensch dann unbewußt, den Einfluß seiner Zahlen durch Beziehungen zu bestimmten Menschen, Orten und durch eine besondere Arbeit auszugleichen. Hitchcock spielte mit Potentialen, die den Kinobesuchern einen wohligen Schauder über den Rücken jagten.

Steven Spielberg

Steven Spielberg war der erfolgreichste Kinofilmregisseur der siebziger und achtziger Jahre, sowohl was seine Kreativität als auch was den kommerziellen Erfolg seiner Filme anbetraf. Er wurde am 18. Dezember 1947 geboren; das ergibt eine persönliche Geburtstagszahl von Sechs. Sechs ist ein Weisheitspotential, das im allgemeinen auch mit Kunst, dem Verlegen von Literatur, mit Ästhetik, Design und Regie in Verbindung gebracht wird. Daß Spielberg unter dem Sechserpotential geboren wurde, ist für seine Persönlichkeit bezeichnend.

Die Zahl Eins erscheint in seinem numerologischen Diagramm fünfmal; sie ist deshalb der *herrschende Einfluß*. Die Zahl Eins ist ein Potential für Erfindung, Kreativität und Originalität. Sie ist auch ein Potential für eine innere Haltung von kindlicher Unschuld. Das ist bemerkenswert, weil viele von Spielbergs Kreationen den Geist solcher kindlichen Unschuld eingefangen haben. *ET* (1982) und *Die Gremlins* (1984) sind zwei moderne Kindheitsklassiker, die alle Generationen ansprechen.

Wie Hitchcock hat auch Spielberg drei Zweien in seinem numerologischen Diagramm. Die Zwei ist die Zahl des kreativen Dramas, des Konflikts und der Spannung. Spielbergs frühe Filme wie *Duell* (1971), *Der weiße Hai* (1975) und *Unheimliche Begegnung der dritten Art* (1977) gehörten zu den spannendsten und fesselndsten Kinowerken der siebziger Jahre. Millionen von Zuschauern waren von Spielbergs außergewöhnlicher dramaturgischer Kunst begeistert. Ein Vergleich mit Hitchcock liegt nahe. Wie Hitchcock hat Spielberg drei Dreien in seinem numerologischen Diagramm. Drei Dreien sind ein Symbol für Energie, Kreativität, Unternehmungsgeist, Abenteuer und Scharfsinn. Steven Spielberg unterhielt das Kinopublikum mit einer Trilogie von aufregenden, spannenden und humorvollen Abenteuern: *Jäger des verlorenen Schatzes* (1981), *Indiana Jones und der Tempel des Todes* (1984) und *Indiana Jones und der letzte Kreuzzug* (1989).

Die numerologischen Diagramme von Hitchcock und Spielberg weisen viele bemerkenswerte Ähnlichkeiten auf. Die kraftvolle Konzentration der Zahlen Eins, Zwei und Drei in beiden Diagrammen repräsentiert ein Potential von Kreativität und schöpferischem Einfluß. Bei Spielberg fehlt nur eine Zahl: die Fünf. Dieser Mangel wird leicht durch das Vorhandensein von fünf Einsen ausgeglichen.

Ansonsten ist sein Diagramm sehr ausgeglichen, besonders durch das Auftreten von zwei Neunen – einem Symbol für den inneren Beobachter und das Höhere Selbst. Auch das spirituelle Potential von Steven Spielbergs numerologischem Diagramm tritt deutlich hervor und könnte im Laufe der Jahre eine immer größere Rolle spielen.

Name: _____

_____

_____

_____

_____

Persönliche Namenszahl: _____

Geburtsdatum: _____

_____

_____

_____

Persönliche Geburtstagszahl: _____

Höheres Gesetz: _____

Spirituell _____   Physisch _____

Liebe _____   Emotional _____

Weisheit _____   Geistig _____

Kollektiv _____   Wille _____

Die Potentiale Ihrer Zahlen im Überblick

Eins – Ein männliches, dynamisches, fortschrittliches Potential. Ein phantasievoller, kreativer Einfluß, der Inspiration, Ehrgeiz und Abenteuer fördert. Weitere damit in Zusammenhang stehende Aspekte sind der physische Körper, die Sonne, Kundalini, Höhepunkt, Geburt, Wiedergeburt, Lebenskraft, Monade und Wegbereiter.

Zwei – Ein weibliches, nährendes, vereinendes Potential. Es fördert Gefühl, Einfühlung, Intuition und Instinkt. Romantik, Seele und Heilkraft, Kreativität, Phantasie und das Unbewußte können sich frei entfalten. Dualität von Nacht und Tag, positiv und negativ, männlich und weiblich werden durch diese Zahl, die ein Potential für Gegensätze und Vereinigungen hat, symbolisiert. Die Zwei wird mit dem emotionalen Körper in Verbindung gebracht.

Drei – Ein männliches Potential, das Wissen, Verstand und den Intellekt fördert. Die Drei aktiviert den Geist, das Denken, die Vorstellungen und Ideen. Rationale, intellektuelle, wissenschaftliche, analytische und sprachliche Qualitäten der linken Gehirnhälfte sind ein wichtiger Aspekt. Die Drei bringt oft lebhafte, aktive, fortschrittliche, optimistische und extravertierte Persönlichkeiten hervor. Die Drei wird mit dem geistigen Körper in Verbindung gebracht.

Vier – Ein festes, weibliches Potential, das Willenskraft, entschlossene Zielstrebigkeit, Engagement und Konzentration fördert. Die Vier ermöglicht einen Sinn für das Praktische, Direktheit, Verläßlichkeit und Vertrauenswürdigkeit. Die Vier ist eine

Energie der Mutter Erde, eine gute Grundlage für den Aufbau und zur Konsolidierung. Die Vier ist eine persönliche Kraftquelle.

Fünf – Ein männliches Potential mit kollektiven Verbindungen – kreativ, anpassungsfähig, unkonventionell und progressiv. Die Fünf inspiriert Reisen, Kommunikation, Abenteuer, neue Horizonte. Die Fünf fördert den Vermittler, Künstler und Weltbürger. Sie verleiht auch Talente, Charisma und magnetische Anziehungskraft.

Sechs – Ein weibliches Potential, das den Hunger nach Weisheit und Erkenntnis weckt. Die Sechs stimuliert das Interesse an Schönheit, Kunst, Musik, Geometrie und Design. Ästhetik, feste Prinzipien in Moral und Ethik sind wesentliche Aspekte, die mit dieser Zahl in Zusammenhang stehen. Sinn und Orientierung, die lebensnotwendig sind, werden von ihr vermittelt.

Sieben – Ein männliches Potential, das den Ehrgeiz anstachelt. Es steht in Zusammenhang mit dem Denker, dem Philosophen und der Mystik. Brüderlichkeit, Gemeinschaft, Einssein und kosmisches Bewußtsein werden traditionell mit der Sieben in Verbindung gebracht. Sie fördert auch den Dienst am Mitmenschen, Lehren, Erfindung und Wahrheit. Die Sieben weckt Haltung, Würde und Ritterlichkeit.

Acht – Ein weibliches Potential, das Netze knüpft, Kreise schließt, verbindet und organisiert. Die Acht verleiht Energie, Dynamik und die Fähigkeit zu zielstrebiger Anstrengung. Sie erhellt das Spirituelle, Übersinnliche und Ursprüngliche. Der Einfluß der Acht unterstützt Heiler, Menschen mit übersinnlichen Kräften, Medien, Visionäre und spirituelle Lehrer.

Neun – Ein neutrales, ausgeglichenes Potential, das universelle Wahrheit, kosmisches Gesetz und vorurteilsfreie Wahrnehmungsfähigkeit verleiht. Die Neun ist ein Symbol für das Höhere Selbst, den Göttlichen Funken, das *Ich bin* und das Vollkommene in uns. Würde, Ehre, Haltung, Dienen, Führerschaft und die Gabe der genauen Beobachtung werden von der Zahl Neun erweckt.

Numerologischer Index berühmter Persönlichkeiten

Einser-Persönlichkeiten

Michail Gorbatschow	2. März 1931
Martin Luther King	15. Januar 1929
Yoko Ono	18. Februar 1934
Emile Zola	2. April 1840
Billy Graham	7. November 1918
Emily Brontë	30. Juli 1818
Jimmy Connors	2. September 1952
Queen Elizabeth I.	7. September 1533
Sammy Davis Jr.	8. Dezember 1925
Mutter Theresa	27. August 1910
Sean Connery	25. August 1930
Prinz Andrew	19. Februar 1960
Florence Nightingale	12. Mai 1820
Charles Chaplin	16. April 1889

Zweier-Persönlichkeiten

Richard Burton	10. November 1925
Julie Andrews	1. Oktober 1935
Prinzessin Anne	15. August 1950
Sir Edmund Hillary	20. Juli 1919

Diana Ross	26. März 1893
Ronnie Corbett	4. Dezember 1930
Madonna	16. August 1958
Paul Getty	15. Dezember 1892
Isadora Duncan	27. Mai 1878
Edgar Allan Poe	19. Januar 1809
Shirley Williams	27. Juli 1930
Shirley Bassey	8. Januar 1937
Franco Zeffirelli	12. Februar 1923
Ingrid Bergmann	29. August 1915
Wolfgang Amadeus Mozart	27. Januar 1856
Anne Brontë	17. Januar 1820
Prinz Philipp	10. Juni 1921
Ronald Reagan	6. Februar 1911

Dreier-Persönlichkeiten

T. E. Lawrence	15. August 1888
Amy Johnson	1. Juli 1903
Tommy Steele	17. Dezember 1936
Gore Vidal	3. Oktober 1925
Sir Alec Guinness	2. April 1914
Judy Garland	10. Juni 1922
Charles Dickens	7. Februar 1812
Jane Austen	16. Dezember 1775
Mia Farrow	9. Februar 1945
Edward Kennedy	22. Februar 1932
Dionne Warwick	12. Dezember 1941
Faye Dunaway	14. Januar 1941

Katharine Hepburn	9. November 1909
Audrey Hepburn	4. Mai 1929
David Bowie	8. Januar 1947
Mary Quant	11. Februar 1934
Salvador Dali	11. Mai 1904
Roald Dahl	13. September 1916
Indira Gandhi	19. November 1917

Vierer-Persönlichkeiten

Woody Allen	1. Dezember 1935
Margaret Thatcher	13. Oktober 1925
Sir Thomas Beecham	29. April 1879
Duchess of York	15. Oktober 1959
Paul McCartney	18. Juni 1942
Lady Astor	19. Mai 1879
Martina Navratilova	18. Oktober 1956
Anne Bancroft	17. September 1931
Sir Harold Wilson	11. März 1916
Dorothy L. Sayers	13. Juni 1893
Andre Previn	6. April 1929
Queen Elizabeth, the Queen Mother	4. August 1900
Frank Sinatra	12. Dezember 1915
Dolly Parton	19. Januar 1946
Luciano Pavarotti	12. Oktober 1935
Barbara Stanwyck	16. Juli 1907
Mark Twain	30. November 1835
Douglas Fairbanks Jr.	9. Dezember 1909

Fünfer-Persönlichkeiten

Helen Keller	27. Juni 1880
Earl Mountbatten	25. Juni 1900
Abraham Lincoln	12. Februar 1809
Clare Francis	17. April 1946
Victor Borge	3. Januar 1909
Rudolf Nureyev	17. März 1938
Henry Winkler	30. Oktober 1945
Joan Fontaine	22. Oktober 1917
Sir Arthur Conan Doyle	22. Mai 1859
Charlotte Brontë	21. April 1816
Gustav Holst	21. September 1874
Theodore Roosevelt	27. Oktober 1858

Sechser-Persönlichkeiten

Tony Hancock	3. Mai 1924
Glenda Jackson	9. Mai 1936
Edward Heath	9. Juli 1916
John Lennon	9. Oktober 1940
Fred Astaire	10. Mai 1899
Esther Rantzen	22. Juni 1940
Michael Caine	14. März 1933
Meryl Streep	22. Juni 1949
Peter Ustinov	16. April 1921
Twiggy	19. September 1949
Richard Nixon	9. Januar 1913
Harold Pinter	10. Oktober 1930

Elizabeth Fry	21. Mai 1780
Roman Polanski	18. August 1933
Stevie Wonder	13. Mai 1950
Susan Hampshire	12. Mai 1942

Siebener-Persönlichkeiten

Königin Elizabeth II.	21. April 1926
George Bush	12. Juni 1924
Prinzessin von Wales	1. Juli 1961
Bob Dylan	24. Mai 1941
Marilyn Monroe	1. Juni 1926
Alfred Adler	7. Februar 1870
Dame Margot Fonteyn	18. Mai 1919
Rudolph Valentino	6. Mai 1895
George Eliot (Mary Ann Evans)	22. November 1819
Peter Sellers	8. September 1925
Franz Liszt	22. Oktober 1811
Emmeline Pankhurst	14. Juli 1858
Leonard Nimoy	26. März 1931
Sir Winston Churchill	30. November 1874

Achter-Persönlichkeiten

Jane Fonda	21. Dezember 1937
Gerald Ford	14. Juli 1913
Nancy Reagan	6. Juli 1921
Oscar Wilde	16. Oktober 1854

Aretha Franklin	25. März 1942
Sir Laurence Olivier	22. Mai 1907
Elizabeth Taylor	27. Februar 1932
George Orwell	25. Juni 1903
Dame Anna Neagle	20. Oktober 1904
Pablo Picasso	25. Oktober 1881
Barbra Streisand	24. April 1942
Alexander Graham Bell	3. März 1847
Mary Baker Eddy	16. Juli 1821
Neil Armstrong	5. August 1930
Daphne du Maurier	13. Mai 1907

Neuner-Persönlichkeiten

Dustin Hoffman	8. August 1937
Shirley MacLaine	24. April 1934
Lord Baden-Powell	22. Februar 1857
Joan Baez	9. Januar 1941
Francis Bacon	22. Januar 1561
H. W. Longfellow	27. Februar 1807
Gracie Fields	9. Januar 1898
Mahatma Gandhi	2. Oktober 1869
Virginia Woolf	25. Januar 1882
Sir Robert Walpole	26. August 1676
Neville Chamberlain	18. März 1869
Kiri Te Kanawa	6. März 1944
General Franco	4. Dezember 1892
Orson Welles	6. Mai 1915

Schicksalsdeutung

Knaur® Esoterik

Golmyn
DAS SCHICKSAL IN DEN ZAHLEN
Lebenshilfe durch Numerologie

(86011)

NIGEL PENNICK
DAS RUNEN ORAKEL
Mit 25 Runenkarten von Hermann Haindl

Mit einem Vorwort von Rachel Pollack

Knaur Esoterik

ISBN 3-426-26472

Knaur® Esoterik

Monte Farber
KARMA KARTEN
Die Zukunft erkennen durch Astrologie

Mit 36 Karma-Karten

(4270)

Knaur® Esoterik

Marie Louise Lacy
DAS FARBORAKEL
Die psychologische und spirituelle Bedeutung der Farben

Mit 28 Farbkarten

(4260)

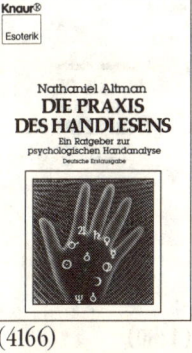

Knaur® Esoterik

Nathaniel Altman
DIE PRAXIS DES HANDLESENS
Ein Ratgeber zur psychologischen Handanalyse
Deutsche Erstausgabe

(4166)

Knaur® Esoterik

Ursula von Mangoldt
Erkenne dich selbst im Bild deiner Hand
Ein Lehrbuch

(4240)

Knaur®

Astrologie

Knaur® Esoterik

Howard Sasportas
Astrologische Häuser und Aszendenten
Vorwort von Liz Greene
Deutsche Erstausgabe

(4165)

Knaur® Esoterik

Howard Sasportas
GÖTTER DES WANDELS
Die astrologische Bedeutung von Uranus, Neptun und Pluto

(4243)

Knaur® Esoterik

Brigitte Hamann
DIE ZWÖLF ARCHETYPEN
Tierkreis und Persönlichkeitsstruktur

(4253)

Knaur® Esoterik

Michael Roscher
DAS BUCH DER HOROSKOPE
240 Horoskope bekannter Persönlichkeiten

(4234)

Knaur® Esoterik

Michael Roscher
PRAXIS DER HOROSKOP INTERPRETATION
Einführung in die Transpersonale Astrologie

(4280)

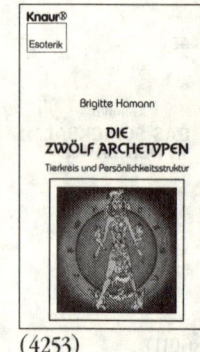

Knaur® Esoterik

Michael Roscher
ASTROLOGIE UND PSYCHOSOMATIK
Horoskopkonstellationen aus medizinischer Sicht

(4281)